OBRAS POÉTICAS

OBRAS POÉTICAS

POEMAS LÍRICOS
GLAURA
O DESERTOR

M. I. da Silva Alvarenga

Introdução, organização e fixação de texto
FERNANDO MORATO

Martins Fontes
São Paulo 2005

*Copyright © 2005, Livraria Martins Fontes Editora Ltda.,
São Paulo, para a presente edição.*

1ª edição
março de 2005

Acompanhamento editorial
Helena Guimarães Bittencourt
Preparação do original
Sandra Garcia Cortes
Revisões gráficas
*Alessandra Miranda de Sá
Maria Regina Ribeiro Machado
Dinarte Zorzanelli da Silva*
Produção gráfica
Geraldo Alves
Paginação/Fotolitos
Studio 3 Desenvolvimento Editorial

**Dados Internacionais de Catalogação na Publicação (CIP)
(Câmara Brasileira do Livro, SP, Brasil)**

Alvarenga, Manuel Inácio da Silva, 1749-1814.
Obras poéticas : poemas líricos, Glaura, o desertor / M.I. da Silva Alvarenga ; introdução, organização e fixação de texto Fernando Morato. – São Paulo : Martins Fontes, 2005. – (Coleção poetas do Brasil)

Bibliografia.
ISBN 85-336-2089-6

1. Alvarenga, Manuel Inácio da Silva, 1749-1814 – Crítica e interpretação 2. Poesia brasileira 3. Poesia lírica I. Morato, Fernando. II. Título. III. Série.

04-8511 CDD-869.91

Índices para catálogo sistemático:
1. Poesia : Literatura brasileira 869.91

Todos os direitos desta edição para a língua portuguesa reservados à
Livraria Martins Fontes Editora Ltda.
*Rua Conselheiro Ramalho, 330 01325-000 São Paulo SP Brasil
Tel. (11) 3241.3677 Fax (11) 3101.1042
e-mail: info@martinsfontes.com.br http://www.martinsfontes.com.br*

COLEÇÃO "POETAS DO BRASIL"

Vol. XVI – Silva Alvarenga

Esta coleção tem como finalidade repor ao alcance do leitor as obras dos autores mais representativos da história da poesia brasileira. Tendo como base as edições mais reconhecidas, este trabalho conta com a colaboração de especialistas e pesquisadores no campo da literatura brasileira, a cujo encargo ficam os estudos introdutórios e o acompanhamento das edições, bem como as sugestões de caráter documental e iconográfico.

Coordenador da coleção: Haquira Osakabe, doutor em Letras pela Unicamp, é professor de Literatura Portuguesa no Departamento de Teoria Literária daquela Universidade.

Fernando Morato é bacharel em Letras pelo Instituto de Estudos da Linguagem (IEL) da Universidade Estadual de Campinas (Unicamp), onde cursou também o mestrado em Teoria Literária. Trabalha com literatura árcade e fez consultoria sobre história da música para o Coral Gilberto Mendes, de Campinas. Atualmente é professor de Literatura Brasileira e Portuguesa.

VOLUMES JÁ PUBLICADOS:

Cruz e Sousa *– Missal/Broquéis.*
Edição preparada por Ivan Teixeira.

Augusto dos Anjos *– Eu e outras poesias.*
Edição preparada por A. Arnoni Prado.

Álvares de Azevedo *– Lira dos vinte anos.*
Edição preparada por Maria Lúcia dal Farra.

Olavo Bilac *– Poesias.*
Edição preparada por Ivan Teixeira.

José de Anchieta *– Poemas.*
Edição preparada por Eduardo de A. Navarro.

Luiz Gama *– Primeiras trovas burlescas.*
Edição preparada por Ligia F. Ferreira.

Gonçalves Dias *– Poesia indianista.*
Edição preparada por Márcia Lígia Guidin.

Castro Alves *– Espumas flutuantes & Os escravos.*
Edição preparada por Luiz Dantas e Pablo Simpson.

Santa Rita Durão *– Caramuru.*
Edição preparada por Ronald Polito.

Gonçalves Dias *– Cantos.*
Edição preparada por Cilaine Alves Cunha.

Diversos *– Poesias da Pacotilha.*
Edição preparada por Mamede Mustafá Jarouche.

Raul de Leoni *– Luz mediterrânea e outros poemas.*
Edição preparada por Sérgio Alcides.

Casimiro de Abreu – *As primaveras.*
Edição preparada por Vagner Camilo.

Medeiros e Albuquerque – *Canções da decadência e outros poemas.*
Edição preparada por Antonio Arnoni Prado.

Fagundes Varela – *Cantos e fantasias e outros cantos.*
Edição preparada por Orna Messer Levin.

ÍNDICE

Introdução XVII
Cronologia LV
Nota à presente edição LIX

OBRAS POÉTICAS

POEMAS LÍRICOS

Canções
Apotheosis poetica 5
A tempestade 12

Cantata
O bosque da Arcádia 15

Écloga
O canto dos Pastores 27

Epístolas
A D. José I 33
A Termindo Sipílio 38

Heróide
Teseu a Ariadna 43

Idílios
O templo de Netuno 49
A gruta americana 54

Odes
À mocidade portuguesa 59
[Longe, longe daqui, vulgo profano] 63
A Afonso de Albuquerque 67
No dia da inauguração da estátua eqüestre 70
[Feliz aquele a quem as Musas deram] 75

Quintilhas
Ao vice-rei Luís de Vasconcelos 79

Redondilhas
[Vive triste, com saudade] 85
[Negras nuvens longe exalem] 86
[Dizem que de Anjo tem o nome] 87
[O nosso ilustre Narciso] 88
[Vale o Capitão por mil] 89

Sátiras
Os vícios 91
Mentirei ou direi a verdade 101

Sonetos
No dia da inauguração da estátua eqüestre 107
[Que importa que seguro e bem talhado] 108
[Junto do Mondego manso e arenoso] 109
[Trago a minha confusa fantasia] 110

[Eu vi Marfida sobre a mão formosa]....... 111
[Lisandra bela, Ninfa sem brandura]......... 112
[Deixa, Dóris, do fundo e verde pego].... 113
[Já vai a noite as asas encolhendo].......... 114
[Trabalhe por vencer a força dura].......... 115

Poema
Às Artes 117

GLAURA

Rondós
Anacreonte 127
A luz do Sol 130
O Cajueiro 133
O Pombo 136
A serpente 139
A praia 142
O Beija-Flor 145
A lembrança saudosa 148
O Beija-Flor 151
O amante infeliz 154
O Jasmineiro 157
A napéia 160
A Pomba 163
O amor armado 166
O retrato 169
A cinta de Vênus 172
Dóris e Galatéia 175
A Aurora 178
O meio-dia 181
A tarde 184

A noite	187
Os amores perdidos	190
O amante saudoso	193
O prazer	196
A alegria	199
O amante satisfeito	202
Glaura dormindo	205
Dezembro	208
O amor mudado em abelha	211
O desejo	214
Os cantos amorosos	217
Eco	220
O Cajueiro do Amor	223
O amor irado	226
O desgosto	229
A Primavera	232
À Mangueira	235
A rosa	238
À Maré	241
O bosque do amor	244
Os segredos de amor	247
O bosque dedicado aos amores	250
O amor	253
À ausência	257
Os suspiros	260
A Lira desgraçada	262
As graças	264
A mágoa	266
O Rio	269
A Lua	272
A dor	275
A Roseira	278
Orfeu	281

A árvore.................................... 284
As cordeirinhas......................... 287
À morte..................................... 290
A saudade.................................. 293
O Sol.. 296
A Lira... 299

Madrigais
I. [Suave fonte pura]................. 303
II. [Ninfas e belas Graças]............ 303
III. [Voai, suspiros tristes]............ 304
IV. [Dríade, tu que habitas amorosa] 304
V. [Folha por folha, e cheio de ternura]............................. 304
VI. [Neste áspero rochedo]........... 305
VII. [Ó sombra deleitosa]............. 305
VIII. [Adeus, ó doce lira].............. 306
IX. [Ó Mangueira feliz, verde e sombria]............................ 306
X. [Dias infaustos, dias de ventura] 306
XI. [Basta, basta: encalhemos]...... 307
XII. [Suave Primavera]................ 307
XIII. [Cruel melancolia]............... 308
XIV. [Do teu Pastor, ó Ninfa, alegra os olhos]......................... 308
XV. [No ramo da mangueira venturosa]............................. 309
XVI. [Guarda, cruel Fortuna, poderosa]............................. 309
XVII. [Glaura, formosa Glaura, estes momentos]...................... 309
XVIII. [Suave Agosto as verdes laranjeiras]............................. 310

XIX.	[Ó sono fugitivo]..........................	310
XX.	[Não fujas, vem, ó Glaura]	311
XXI.	[Mostra-me, ó Glaura, a bela raridade]	311
XXII.	[Já viste sobre o mar formando giros]...	312
XXIII.	[Copada Laranjeira, onde os Amores]...	312
XXIV.	[Não desejo de Tempe o verde prado]	312
XXV.	[Suspiro lagrimoso]	313
XXVI.	[Vês, Ninfa, em alva escuma o pego irado]	313
XXVII.	[Neste lugar saudoso]	314
XXVIII.	[Crescei, mimosas flores]...........	314
XXIX.	[Não desprezes, ó Glaura, entre estas flores]...................................	314
XXX.	[Rochedo suspirado]	315
XXXI.	[Se eu conseguisse um dia o ser mudado]	315
XXXII.	[Jasmins e rosas tinha]................	316
XXXIII.	[Temi, ó Glaura bela, os teus rigores]..	316
XXXIV.	[Ditoso e brando vento, por piedade]...	317
XXXV.	[Sonhei que o duro Amor me conduzia]...	317
XXXVI.	[Desejos voadores].......................	317
XXXVII.	[Inocentes Pastores]	318
XXXVIII.	[Aura benigna e pura, se eu pudera]...	318
XXXIX.	[Fugi, tristes cuidados]................	319
XL.	[Não tardes, bela Glaura]	319

XLI. [Em vão se esforce a ira]............ 320
XLII. [Glaura, mimosa Glaura, deixa o monte].................................... 320
XLIII. [Suspiros já cansados]................ 320
XLIV. [Não desmaies, ó rosa].............. 321
XLV. [Entre flores as Graças vi um dia] 321
XLVI. [Ó garça voadora]....................... 322
XLVII. [O inverno congelado] 322
XLVIII. [Vem, ó Glaura mimosa]............ 323
XLIX. [Flexível Jasmineiro].................... 323
L. [Ao longe a bela Glaura me aparece]... 323
LI. [Cuidados tragadores]................ 324
LII. [Em triste solidão, onde o deixaram].. 324
LIII. [Tu és no campo, ó Rosa]......... 325
LIV. [Aurora rutilante]........................ 325
LV. [Ó Tempo! ó triste Morte].......... 326
LVI. [Mortal saudade, é esta a sepultura].. 326
LVII. [Ó águas dos meus olhos desgraçados].................................... 326
Rondó ao autor.. 328

O DESERTOR

Discurso sobre o poema herói-cômico...... 333
Canto I.. 337
Canto II... 349
Canto III 357
Canto IV 365
Canto V... 378

Sonetos
I. [A terra oprima pórfido luzente] 389
II. [Enquanto o Grande Rei coa mão potente] 390

INTRODUÇÃO

Manuel Inácio da Silva Alvarenga nasceu em Vila Rica no ano de 1749, filho de Inácio da Silva. É o próprio poeta quem dá essas informações durante os interrogatórios em devassa ordenada pelo vice-rei Conde de Resende em 1795; várias vezes inquirido pelo desembargador Antônio Dinis da Cruz Silva, a resposta era a mesma. Como os documentos da devassa só vieram à luz em 1864, quando da publicação das *Obras poéticas* coligidas por Joaquim Norberto de Sousa Silva, durante muitos anos a data de nascimento do poeta ficou em aberto. O principal testemunho anterior era o da biografia escrita pelo cônego Januário da Cunha Barbosa, antigo aluno de Silva Alvarenga, que afirma: "(...) terminou sua vida no dia 1º de novembro de 1814, tendo vivido perto de oitenta anos"[1]. Mais recentemente, o pesquisador Nireu

---

1. BARBOSA, Januário da Cunha, "O doutor Manoel Ignacio da Silva Alvarenga", *Revista do Instituto Histórico e Geográfico Brasileiro*, 1841, vol. III.

Cavalcanti, procedendo a exaustivo trabalho em arquivos brasileiros e portugueses para estabelecer os caminhos da formação da cidade do Rio de Janeiro, encontrou o passaporte do poeta e o apresenta na seguinte nota: "A importância de Manuel Inácio da Silva Alvarenga merece transcrição dos dados de seu passaporte, referente a 1766: a) pais: Ignacio da Silva e Felipa Lopes da Fonseca; b) natural: Vila Rica, de onde saiu para o porto do Rio de Janeiro; c) destino: cidade de Coimbra, via cidade de Lisboa; d) objetivo: continuar seus estudos; e) profissão: estudante; f) características pessoais: idade = 23 anos; estatura = ordinária; rosto = redondo; cabelo = preto e encarapinhado; sinais = cicatrizes na palma da mão direita, junto ao pulso"[2].

Três documentos, três datas de nascimento diferentes: 1734, 1743, 1749. Isso porque as fontes de que dispomos para o estudo da vida de Silva Alvarenga ainda estão dispersas e não foram bem cruzadas. A maior parte dos comentários biográficos que se fazem recentemente recorre às informações fornecidas por Joaquim Norberto que, se tem o mérito de ter sido o primeiro a pesquisar alguns dos documentos fundamentais sobre a vida do poeta, ainda ignorava muitos fatos e fazia inúmeras inferências de caráter romântico a respeito dos sentimentos, intenções e valores do autor. Acrescente-se à lis-

---

2. CAVALCANTI, Nireu, *O Rio de Janeiro setecentista: a vida e a construção da cidade da invasão francesa até a chegada da Corte*, Rio de Janeiro, Jorge Zahar, 2004.

ta de imprecisões a biografia romantizada escrita por Pereira da Silva[3], que cria encontros e rancores imaginários para justificar a denúncia de que Silva Alvarenga foi objeto em 1794 e toma a seqüência de sentimentos expressos ao longo do livro *Glaura* como dado positivo a respeito de um romance frustrado pela morte prematura da amada. Devido a tudo isso, ainda não é possível ter certezas absolutas a respeito dos diversos acontecimentos que envolvem a vida do poeta; como vários outros aspectos que lhe dizem respeito, ainda há muitas pesquisas a serem feitas. Mas isso não impede que os poucos dados de que dispomos atualmente arrisquem uma tentativa de biografia.

Reunindo documentação dispersa e os principais relatos biográficos de que dispomos, é possível afirmar que Manuel Inácio da Silva Alvarenga nasceu em Vila Rica, filho do músico Inácio da Silva; era mulato e de origem humilde. O ano de 1749, além de ser o mais tradicionalmente reconhecido, parece ser o mais acertado para estabelecer seu nascimento, já que é o próprio poeta quem repetidamente afirma a idade de 46 anos em 1795.

Nada se sabe de certo sobre os estudos primários, além de que foram feitos na cidade natal, de onde o poeta vai para o Rio de Janeiro e segue para Coimbra a fim de prosseguir os es-

---

3. AZEVEDO, Manuel Duarte Moreira de, *Homens do passado – Chronicas dos séculos XVIII e XIX*, Rio de Janeiro, B. L. Garnier, 1875.

tudos superiores. O cônego Januário diz que no Rio de Janeiro Silva Alvarenga complementou seus estudos primários, o que não parece inverossímil, já que a capital dispunha de mais recursos. Em 1771 o futuro poeta está matriculado na Universidade de Coimbra, exatamente à época da reforma empreendida pelo marquês de Pombal. Depois de muitos anos de domínio dos jesuítas sobre o ensino em Portugal, o marquês empreendeu a sua substituição por mestres estrangeiros que tinham mais afinidade com o programa científico do Iluminismo. A julgar pelas obras que o poeta publica em homenagem tanto à reforma da Universidade (como a *Ode à mocidade portuguesa*) quanto à inauguração da estátua eqüestre de D. José I (uma ode e um soneto) e ao próprio monarca (a *Epístola a D. José I*), o entusiasmo com que se dedicou às questões acadêmicas e à ação anti-seiscentista promovida pelo marquês de Pombal foi grande. Em *O desertor*, de 1774, o marquês, o reitor (Francisco de Lemos) e o rei D. José I são colocados em pé de igualdade, e, ao mencionar os professores estrangeiros ("latina gente"), Silva Alvarenga faz a Verdade dizer:

> Que ciência
> Não fiz eu tornar às margens do Mondego,
> Ou dentre os braços da Latina Gente,
> Ou dos belos países, cuja praia
> O mar azul por toda parte lava?

Neste texto (e em outros poemas anteriores) já aparece o pseudônimo com o qual Silva Alvarenga vai ser identificado na comunidade poética convencional do momento, a "Arcádia": ele passa a ser chamado Alcindo Palmireno.

É por esta época, em que se encontra na Universidade, que trava conhecimento com o também poeta brasileiro José Basílio da Gama, membro da Arcádia Romana, com o pseudônimo de Termindo Sipílio, de quem se torna grande amigo. Vários de seus poemas líricos reforçam tanto a imagem de uma ligação terna entre os dois poetas quanto uma relação de mestre e discípulo (no final do poema *A gruta americana*, Silva Alvarenga diz: "Tu me guiaste ao Templo da Memória", ou seja, aos domínios da Poesia), o que já levou alguns de seus biógrafos a imaginar ligações diretas com o próprio marquês de Pombal, de quem Basílio era secretário. Alguns consideram inclusive que a publicação do poema herói-cômico *O desertor* foi feita por intercessão direta do marquês, o que não seria injustificado, já que num dos sonetos laudatórios publicados ao final do poema a ligação entre Alcindo e Termindo (ambos referidos como celebradores das glórias do "Portugal renovado") aparece inclusive reforçada. A proximidade entre os dois poderia quem sabe vir também do patrocínio.

Sem levar em consideração as inferências, é certo que as posições iluministas, antijesuíticas, assim como as novidades artísticas representadas por Basílio da Gama e seu poema (*O Uraguai*) agradavam a Silva Alvarenga e eram por ele defendidas explicitamente. O primeiro poema publicado por Silva Alvarenga é justamente uma *Epístola a Termindo Sipílio* (1772) em que episódios de *O Uraguai* são mencionados de forma inequívoca e o seu autor é tido como um dos maiores talentos de Portugal; mesmo julgamento aparece na sátira *Mentirei ou direi a verdade*, em que os "ignorantes" são apresentados como pessoas que ficam indiferentes aos versos iniciais do poema de Basílio da Gama. O soneto satírico do poeta Antônio Dinis da Cruz Silva reforça não só a ligação entre os dois brasileiros como a "defesa" empreendida por Alcindo:

"Quem é esse animal que galopando
Em torno dessa fétida lagoa
(Diz a Apolo Thalia) o Pindo atroa,
Com zurros nossa música turbando?

"Ele as mais finas flores vai pisando,
De que Aganipe suas margens croa,
E dos Vates as cinzas não perdoa,
Com coices seus sepulcros violando."

Nisso desprega a besta um grande zurro,
Que as grutas do monte retinindo,
Aturdida a deixou com seu sussurro;

Apolo torna então à Ninfa, rindo:
"É Palmireno, que eu mudei em burro,
Em pena d'incensar o vão Termindo."[4]

---

4. Citado em TOPA, Francisco, *Para uma edição crítica da obra do árcade brasileiro Silva Alvarenga*, Porto, edição do autor, 1998.

A menção de Cruz Silva a "não perdoar a cinza dos vates e violar o sepulcro com coices" pode fazer referência aos versos: "Teme a funesta sorte de Meliseus e Quitas:/ Que muitos aplaudiram quinhentos mil defeitos/ Nos papéis que hoje embrulham adubos e confeitos" (*Epístola a Basílio da Gama*), indicando tanto a circulação quanto a leitura e discussão deste primeiro poema publicado.

Além das disputas poéticas, que já se mostram nos anos de faculdade, outra característica de Silva Alvarenga que vai ser evidenciada ao longo de toda a sua vida é o entusiasmo pelas questões científicas; não seria de espantar que na Universidade reformada, que deu tanta ênfase ao estudo das ciências, ele se dedicasse a este tipo de matéria. O fato de em 1773 aparecer matriculado em Cânones e Matemática parece tanto apontar para este gosto quanto para a amplidão de sua formação (anos mais tarde, na devassa, o poeta afirmou que sua paixão "só se dirige à poesia e a algumas obras matemáticas"[5]).

O cônego Januário diz também que nos anos que passou em Portugal Manuel Inácio freqüentava os salões ilustrados de Coimbra e Lisboa e que encantava a todos tocando rabeca (que teria aprendido com o pai, músico), mas não há nenhuma outra menção nem nos escritos de Silva Alvarenga nem nos de outros poetas a esse respeito.

---

5. "Devassa Ordenada pelo Vice-Rei Conde de Resende", *Anais da Biblioteca Nacional*, 1943, vol. LXI.

Ainda estudante, entrou em polêmica com o bacharel Domingos Monteiro a respeito de críticas que este fez à sua *Ode no dia da colocação da estátua eqüestre de El-Rei D. José I*, do que resultaram as recentemente publicadas *Reflexões críticas sobre a ode do bacharel Domingos Monteiro*[6]. Referências internas das *Reflexões* reforçam a idéia de que os poemas de Silva Alvarenga não só circulavam nos meios intelectuais como eram objeto de discussão crítica: o poeta reclama que Domingos Monteiro "sustenta e, por meio de seus discípulos, tem espalhado" que sua ode conteria um "grosseiro anacronismo".

Infelizmente parecem perdidas as informações sobre o período compreendido entre a formatura de Silva Alvarenga e seu retorno para o Brasil. Sabe-se apenas que em 1777 embarca no navio O Príncipe da Beira com destino ao Rio de Janeiro. Nesse mesmo navio vinha o padre Antônio Caetano de Vilas-Boas, irmão de Basílio da Gama (em *O templo de Netuno*, diz: "o lenho voador leva consigo ... o suspirado Irmão e o caro Amigo"), e os poemas improvisados sobre a viagem pintam um quadro de penúria causada pelo capitão, Manuel Gonçalves Anjo. Chegando ao Brasil, o novo bacharel passa uma temporada na Comarca do Rio das Mortes (onde, segundo o cônego Januário, recebeu a patente de coronel de milícias dos homens

---

6. TOPA, Francisco, *op. cit.*

pardos) antes de se fixar no Rio de Janeiro e abrir banca de advogado. Neste período teria aprofundado as relações com Alvarenga Peixoto, que já havia conhecido em Coimbra.

O momento em que Manuel Inácio chega ao Rio de Janeiro é um dos mais felizes da então capital da Colônia. O vice-rei marquês de Lavradio (D. Luís de Almeida Portugal de Alarcam Eça e Melo e Silva e Mascarenhas), cujo governo se iniciou em 1769, é uma figura esclarecida que sustenata com as reformas pombalinas e estabelece as aulas-régias, de caráter laico. Seu sucessor, o vice-rei Luís de Vasconcelos e Sousa, empreendeu várias melhorias na cidade e simpatizou com a vida intelectual em geral e com Silva Alvarenga em particular. Sob seus auspícios têm incentivo as aulas-régias e se iniciam os trabalhos da Sociedade Literária do Rio de Janeiro (1786). O poeta vai ter participação ativa nas duas. Foi o primeiro professor-régio de Retórica e Poética da Colônia (nomeado em 1782), e o cônego Januário da Cunha Barbosa insiste na influência que suas aulas tiveram para a formação de toda uma geração de intelectuais brasileiros, além de mencionar seu interesse na criação de um teatro nacional promovendo representações.

Na Sociedade Literária, foi secretário. O caráter da associação era menos literário que científico: composta basicamente por médicos, as memórias lidas em suas seções reforçam esse caráter. Em um ano de existência, foram desenvolvidos trabalhos de observação do eclipse da

Lua, uma memória sobre as fricções, outra sobre o calor da terra fisicamente considerado, análise da água do Rio de Janeiro, das propriedades do urucu e dos efeitos da aguardente e dos licores sobre o ser humano[7]. Além disso, em 1788, Silva Alvarenga recitou nela o poema *Às Artes*, em que junto da Poesia a Matemática, a Física Experimental, a História Natural, a Química, a Medicina, a Cirurgia, a Geografia e a História prestam homenagem à rainha Maria I, ressaltando como era tênue a linha que separava as atividades "literária" e "científica" para sua imaginação ilustrada.

Com a partida de Luís de Vasconcelos para a metrópole, a Sociedade Literária foi extinta, mas as aulas-régias continuavam a prender a atenção de Silva Alvarenga. A oposição dos religiosos ao ensino público era ostensiva, e em 1787 o poeta envia juntamente com o professor-régio de grego, João Marques Pinto, uma carta à rainha Maria I queixando-se de como os monges franciscanos difamavam as aulas-régias e roubavam seus alunos; os dois professores ainda se queixam da falta de espaço adequado para seus trabalhos (que quase sempre eram ministrados nas suas próprias residências) e su-

---

7. "Discurso em que se mostra o fim para que foi estabelecida a Sociedade Literária do Rio de Janeiro celebrando a mesma o seu aniversário em memória do Sr. Rei D. José I, o restaurador das Letras em Portugal, a 6 de junho de 1787", *Revista do Instituto Histórico e Geográfico Brasileiro*, 1882, vol. XLV.

gerem a desapropriação de um convento não terminado junto à igreja de São Francisco de Paula para o estabelecimento de um colégio público[8]. Pode ser que esta disposição anticlerical tenha influído nas denúncias posteriores que o levariam à prisão e à devassa.

Não só com religiosos eram as rusgas de Silva Alvarenga. A levar em consideração as *Quintilhas* recitadas quando Luís de Vasconcelos ainda era vice-rei, em seu aniversário, os poetas brasileiros e sua prática literária muito teriam que reclamar das ironias e críticas do poeta.

A chegada do novo vice-rei, D. José Luís de Castro, Conde de Resende, foi acompanhada de um clima geral de desconfiança. A devassa da Inconfidência Mineira, iniciada no governo de Luís de Vasconcelos, estava terminando, e as execuções de penas ficaram a cargo do novo vice-rei; ao mesmo tempo, a repercussão das Revoluções Americana e Francesa ainda era forte, criando um ambiente propício a intrigas.

O conde incentivou os antigos membros da Sociedade Literária a reiniciarem as atividades, e as reuniões da nova Sociedade começaram em 1794 na casa de Silva Alvarenga, que tinha se mudado para a rua do Cano (atual Sete de Setembro); o poeta morava no andar superior de um sobrado e a parte térrea ficava reservada à Sociedade e a seus objetos. Mas os encon-

---

8. "Anexo da correspondência de várias autoridades e avulsos do ano de 1787", *Revista do Instituto Histórico e Geográfico Brasileiro*, 1902.

tros duraram apenas cerca de cinco semanas, porque o Conde de Resende logo ordenou que seus trabalhos fossem suspensos. Apesar da extinção, as reuniões na casa de Silva Alvarenga continuaram, e em dezembro de 1794 o poeta e vários outros de seus amigos e conhecidos foram presos sob a acusação de conspiração e discussão das "idéias francesas".

Os autos da devassa ordenada pelo vice-rei[9] mostram mais uma série de intrigas e boatos que uma conspiração. O rábula José Bernardo da Silveira Frade, principal autor das denúncias, afirmou que os membros da Sociedade "diziam que os frades não eram necessários, clérigos alguns, e que o Santo Ofício só servia para refrear uns moços rapazes", ou que, em uma conversação sobre uma possível invasão de Portugal pela França, eles teriam dito que os seis mil homens de Portugal eram "uma ninhada de pintos que iriam morrer na mão dos franceses", ou ainda que se leram na casa de Silva Alvarenga alguns papéis escritos em francês. As acareações transcritas nos autos reforçam as inconsistências das acusações de Silveira Frade, e Mariano José Pereira (futuro marquês de Maricá) o acusa de ser "um homem de má consciência, porquanto tinha passado algumas quaresmas sem se confessar, que havia casado com uma parenta sua sem dispensa, que havia prestado juramento falso na Ouvidoria do Crime (...) e

---

9. "Devassa Ordenada pelo Vice-Rei Conde de Resende", *op. cit.*

que tinha sido já preso na Fortaleza da Laje por suspeita de ter parte na conjuração de Minas, além de ser um homem maldizente, de ânimo vingativo, e que por vingança viera a jurar contra Manuel Inácio da Silva (...) e contra os mais que supunha seus amigos"[10]. É citada ainda uma coleção de cem sonetos satíricos, supostamente de autoria de Silva Alvarenga, que ridicularizariam dois religiosos (o poeta, entretanto, negou a autoria, dizendo que havia lido os tais sonetos e que "mostravam ser feitos por diversos, não só pela diversidade das letras, mas pela diversidade dos estilos").

Silva Alvarenga foi preso na Fortaleza da Conceição e submetido a nove interrogatórios dirigidos pelo desembargador Antônio Dinis da Cruz Silva, o mesmo que presidiu a devassa da Inconfidência Mineira, entre 4 de julho e 14 de setembro de 1795. Os interrogatórios e acareações reforçam a idéia de que Manuel Inácio era uma pessoa sociável, amiga de reuniões e conversas (como testemunhou o cônego Januário), apesar de o próprio poeta mencionar a certa altura que "tinha desejo de tirar uma sesmaria para os desertos do Rio Tageari porque era melhor viver entre bichos do que entre homens maus". Essa declaração deu margem a muitas fantasias românticas sobre uma personalidade à maneira de Rousseau, mas parecem não ser mais do que um desabafo localizado.

---

10. *Ibidem*.

Certamente as conversas na casa de Silva Alvarenga circulavam por "assuntos franceses". A Revolução era uma das grandes novidades da época e ele e seus convivas intelectualizados (João Marques Pinto, professor-régio de grego; Mariano José Pereira da Fonseca, estudante; Jacinto José da Silva e Vicente Gomes, médicos; João Manso, professor de gramática latina; entre outros) certamente se interessavam por ela. Além disso, os autos mencionam que a sua livraria continha livros como *Os direitos do cidadão*, do Abade Mably, *Mercúrios Franceses* e o *Correio de Londres*, mostrando que as informações da Europa chegavam e eram discutidas.

Dois anos depois, a devassa ainda não havia chegado a termo, então Antônio Dinis da Cruz Silva entendeu que as provas reunidas até o momento não eram conclusivas, e que seria necessário enviar os acusados (que continuavam incomunicáveis) para a metrópole a fim de dar continuidade às investigações ou colocá-los em liberdade. O vice-rei considerou que eles já haviam sido punidos por suas faltas, e libertou-os em 1797[11].

O cônego Januário diz que depois de liberto Silva Alvarenga se tornou uma pessoa melan-

---

11. "Documentos relativos à prisão de Manuel Inácio da Silva Alvarengas...", *Revista do Instituto Histórico e Geográfico Brasileiro*, 1865, vol. XXVIII.

"Correspondência oficial do vice-rei conde de Resende", *Revista do Instituto Histórico e Geográfico Brasileiro*, 1869, vol. XXXII.

cólica e sedentária, retomando as aulas e a advocacia, e que foi um aluno quem publicou em 1799 o livro que se tornou o seu mais conhecido: *Glaura, poemas eróticos de um americano*, porque o próprio poeta não estaria satisfeito com sua obra. O sucesso do volume parece ter sido grande, pois em 1801 saiu a segunda edição.

Dos anos que se seguem são poucas as informações: parece que o poeta foi entusiasta quando da chegada da Corte ao Rio de Janeiro. Publicou ainda alguns de seus poemas antigos na primeira revista literária do Brasil, *O Patriota*. Morreu em 1º de novembro de 1814 e deixou todos os seus bens para a negra Joaquina Maria de Lima, figura de quem nada se sabe, mas que foi constantemente citada nas transações para a compra dos livros de Silva Alvarenga pela Biblioteca Real. A biblioteca particular do poeta foi saqueada pelos amigos logo após sua morte, vendida e revendida antes de chegar à Biblioteca Real[12], e mesmo assim restaram 1.576 volumes dos mais variados assuntos, o que configurava a maior biblioteca particular do país[13].

O destino do corpo de Silva Alvarenga permaneceu ignorado durante algum tempo, até

---

12. As histórias da compra da biblioteca de Silva Alvarenga são contadas nas notas à introdução das *Obras poéticas* coligidas por Joaquim Norberto.

13. A lista das obras pertencentes à biblioteca de Silva Alvarenga se encontra em MORAIS, Rubens Borba de, *Livros e bibliotecas no Brasil Colonial*, Rio de Janeiro, Livros Técnicos e Científicos/ São Paulo, Secretaria da Cultura, Ciência e Tecnologia do Estado de São Paulo, 1979.

Manuel Duarte Moreira de Azevedo identificar o registro de que foi sepultado na igreja de São Pedro[14].

Algumas considerações sobre a poesia de Silva Alvarenga

A obra poética de Silva Alvarenga foi toda escrita na segunda metade do século XVIII, tanto em Portugal quanto no Brasil, e se situa estética e intelectualmente no Neoclassicismo de feição arcádica.

De maneira geral, o Neoclassicismo se empenhou num esforço para "restaurar o bom gosto perdido" após anos de influência dos modelos poéticos barrocos, muitas vezes identificados com a Espanha e seu grande poeta, Gongora (Silva Alvarenga chama-o de "sombrio espanhol", autor de "góticos enigmas"). Já desde o início do século XVIII havia mostras de desgosto com os "excessos" da poesia de caráter seiscentista, e a reação vai ganhando mais espaço e corpo com a publicação de *O verdadeiro método de estudar*, de Luís Antônio Verney (1746-47), com a fundação da Arcádia Lusitana (1756) e com a reforma da Universidade de Coimbra promovida pelo Marquês de Pombal (1772). À época em que Silva Alvarenga começa a escrever, está plenamente configurada a proposta neoclássica:

---

14. AZEVEDO, Moreira de, "Notícia da sepultura do poeta Manoel Ignacio da Silva Alvarenga", *Revista do Instituto Histórico e Geográfico Brasileiro*, 1875, vol. XXXVIII.

retomada dos modelos clássicos, antigos e quinhentistas, e crítica constante da poesia, que se identifica com a expressão racional do pensamento. "Rien n'est beau que le vrai; le vrai seule est amaible", escreveu Boileau, cuja *Art Poétique* é modelo para vários autores da época.

Muito freqüentemente a crítica se dava em assembléias, reais ou imaginárias, que, à maneira da utopia construída por Virgílio nas *Bucólicas*, se situavam "na Arcádia". Pintando a vida tranqüila dos pastores, que tinham tempo livre para se dedicar à poesia e à reflexão sobre a vida e à prática da poesia, Virgílio cria um modelo que será muito útil em momentos de retomada de um ideal de equilíbrio e harmonia como é o do final do século XVIII. A Arcádia Romana, fundada em 1690, da qual Basílio da Gama fez parte, e a Arcádia Lusitana, fundada em 1756, seguiam abertamente o modelo ditado por Virgílio, e reforçavam uma prática de poesia bucólica que misturava o ideal de vida equilibrada ao ideal intelectual de racionalidade e autocontrole.

Com o Romantismo, a tradição arcádica passou cada vez mais a ser vista como expressão vazia de meros formalismos literários. Tanto a adoção de nomes pastoris pelos poetas como a descrição do ambiente campestre que se identificava com as imediações dos montes Mênalo e Parnaso foram consideradas insinceridades forçadas, e cada vez mais a poesia do período foi sendo valorizada menos pelo que buscava e mais pelo que inadvertidamente "deixava escapar". Durante o século XX algumas vozes solitárias se colocaram contra a leitura de viés romântico, tentando recontextualizar a obra dos árcades[15]; mas só no final do século os valores especificamente clássicos começaram a ser mais utilizados como critérios críticos para a apreciação do século XVIII[16], e a atenção dedicada a autores e manifestações literárias específicas do período Neoclássico tem aumentado, como mostram os trabalhos de Vânia Pinheiro Chaves[17], Ivan Teixeira[18] e a publicação dos poetas da Inconfidência Mineira[19].

---

15. É o caso dos escritos sobre literatura de Sérgio Buarque de Holanda, reunidos em HOLANDA, Sérgio Buarque de, *Capítulos de literatura colonial*, São Paulo, Brasiliense, 1991, e de CANDIDO, Antonio, *Formação da Literatura Brasileira: momentos decisivos*, 6. ed., Belo Horizonte, Itatiaia, 1981.

16. Trabalhos recentes como RUEDAS DE LA SERNA, Jorge Antônio, *Arcádia, tradição e mudança*, São Paulo, Editora da Universidade de São Paulo, 1995; LUCAS, Fábio, *Luzes e trevas, Minas Gerais no século XVIII*, Belo Horizonte, Editora da UFMG, 1998, e BRANDÃO, Roberto de Oliveira, *Poética e poesia no Brasil (Colonial)*, São Paulo, Editora da Unesp, Imprensa Oficial do Estado, 2001.

17. CHAVES, Vânia Pinheiro, *O Uraguai e a fundação da Literatura Brasileira*, Campinas, Editora da Unicamp, 1997.

O despertar do gênio brasileiro: uma leitura de O Uraguai de José Basílio da Gama, Campinas, Editora da Unicamp, 2000.

18. *Obras poéticas de Basílio da Gama*, ensaio e edição crítica de Ivan Teixeira, São Paulo, Editora da Universidade de São Paulo, 1996.

Mecenato pombalino e poesia neoclássica, São Paulo, Editora da Universidade de São Paulo, 1999.

19. COSTA, Cláudio Manoel da; GONZAGA, Tomás Antônio; e ALVARENGA PEIXOTO, *A poesia dos inconfiden-*

Com a obra de Silva Alvarenga, as aproximações críticas refazem exatamente este percurso. Já desde os primeiros comentadores posteriores à morte do poeta, tem quase que monopolizado a atenção o volume de rondós e madrigais intitulado *Glaura*, e a chave de leitura deste livro quase sempre oscilou entre dois pontos: 1) comparação com o sentimentalismo do contemporâneo *Marília de Dirceu*, com quase unânime preferência por este último, e 2) tensão entre as tendências convencional/arcaizante e pré-romântica/nativista que seriam facilmente reconhecíveis nos seus versos.

Pode servir de resumo das aproximações de caráter romântico o comentário de Ferdinand Wolf em *Le Brésil Littéraire*:

> Observamos já que Alvarenga, tanto quanto Gonzaga, deu às suas poesias eróticas o nome da amada, e que elas o celebrizaram. No que concerne ao talento poético, é sem dúvida inferior a Gonzaga, mas, por outros vínculos, ocupa um lugar mais elevado no panteão brasileiro. Ele se esforçou, com efeito, por imprimir à lírica um matiz nacional (uma cor americana), seja pelas imagens ou comparações tomadas à natureza brasileira, seja empregando formas nacionais e um ritmo popular. Em verdade, acreditou que podia conquistar um diploma de poeta cortesão, pelo emprego dos inevitáveis pas-

---

tes – poesia completa, org. Domício Proença Filho; artigos, ensaios e notas de Melânia Silva de Aguiar... [*et al.*], Rio de Janeiro, Nova Aguilar, 1996.

tores, e pelo aparato da mitologia clássica que compraz ao escritor erudito; em compensação, suas personagens não freqüentam as margens do Tejo e do Mondego, mas sim as dos rios da pátria; suas dríades e hamadríades animam os cajueiros e mangueiras do Brasil, e o poeta se metamorfoseia em pássaro (o beija-flor, o pássaro mais belo do Brasil). Serviu-se da forma nacional do rondó, com estribilhos, e das redondilhas. Alvarenga, por conseguinte, possui mérito de ter aberto a rota; seu exemplo não foi logo seguido, porque a dependência da metrópole era ainda muito grande, em poesia como em política. Mas suas primeiras sementes, como as lançadas por seu amigo José Basílio, com respeito à epopéia, não pereceram: deram frutos abundantes, quando o sol da liberdade veio amadurecê-los.[20]

Na introdução à edição de 1864 das *Obras poéticas*, Joaquim Norberto apresenta uma alentada coleção de juízos críticos sobre a obra de Silva Alvarenga que constantemente fazem menção aos mesmos aspectos mencionados por Wolf.

Este tipo de aproximação foi desenvolvido e repetido à exaustão (para bem e para mal) por quase todos os historiadores e críticos que se aproximaram da obra de Alcindo Palmireno, até as visões mais arejadas de Antonio Candido[21],

---

20. Citado em CESAR, Guilhermino, *Historiadores e críticos do romantismo – 1: a contribuição européia*, Rio de Janeiro, Livros Técnicos e Científicos/ São Paulo, Editora da Universidade de São Paulo, 1978.

21. CANDIDO, Antonio, *op. cit.*

em 1957, e Antônio Houaiss[22], em 1958, que deslocaram um pouco a visada das categorias estreitamente nacionalistas para os elementos constitutivos de sua poesia e para a contextualização intelectual no ambiente ilustrado e neoclássico do final do século XVIII, especificamente na vertente pombalina. A valorização das obras do poeta, entretanto, não se beneficiou tanto das aproximações mais esclarecidas, que continuavam de certa forma a ver basicamente a repetição mecânica de esquemas formais preestabelecidos:

> Todavia, um gosto poético mais apurado esbarra de entrada com a monótona elegância desse "mestre de facilidades". Tanto mais quanto a personalidade literária que os anima não denota relevo apreciável. A superfície polida dos rondós recobre, certamente, consciência artística bem armada, mas de envergadura mediana[23]

Ainda que o julgamento se restrinja aos rondós de *Glaura*, o fato de estes serem sempre considerados como o ponto alto da produção de Silva Alvarenga não beneficiou a leitura do restante de sua obra, e inclusive acabou por estender este tipo de julgamento a ela. Mesmo porque grande parte dos outros poemas do autor ficou inacessível durante muitos anos. Depois da edição de Joaquim Norberto, em 1864, apenas

---

22. HOUAISS, Antônio, *Silva Alvarenga*, 2. ed., Coleção Nossos Clássicos, Rio de Janeiro, Agir, 1968.
23. *Id., ibid.*

duas edições apresentaram ao público poemas que não fossem os de *Glaura*, uma delas, inclusive, de pequeno alcance[24]. Algumas menções à sua obra continuavam obrigatórias em qualquer trabalho histórico, mas no geral eram tomadas de segunda mão.

Novas aproximações da obra de Silva Alvarenga tiveram lugar recentemente com os trabalhos do professor da Universidade do Porto Francisco Topa, que publicou em Portugal artigos e livros[25] com textos inéditos e manuscritos do poeta; com o "resgate" do poema herói-cômico *O desertor*, publicado por Ronald Polito[26], e com um estudo do professor da Unicamp Alcir Pécora[27], que fez uma leitura dos rondós e madrigais de *Glaura* levando em consideração as convenções retóricas do período, sem tentar forçar significados exteriores ao texto e seu contexto neoclássico.

Ao nos aproximarmos dos poemas de Alcindo Palmireno, o primeiro ponto que chama a atenção é a variedade e a qualidade formal. Praticamente todos os tipos de versos portugueses utilizados até o momento foram trabalhados pelo poeta: em suas obras se encontram redondilhos

---

24. SALES, Fritz Teixeira, *Silva Alvarenga; antologia e crítica*, Brasília, Coordenada, 1972.
25. TOPA, Francisco, *op. cit.*
26. ALVARENGA, Manuel Inácio da Silva, *O desertor; poema herói-cômico*, Ronald Polito (org.), notas de Joaci Pereira Furtado, Campinas, Editora da Unicamp, 2003.
27. PÉCORA, Alcir, *Máquina de gêneros*, São Paulo, Editora da Universidade de São Paulo, 2001.

menores (em *Glaura*) e maiores (*Glaura, Quintilhas ao vice-rei Luís de Vasconcelos* e redondilhas esparsas), o hexassílabo (intercalado com o decassílabo nas odes, nos idílios e em *O bosque da Arcádia*, e sozinho em *Glaura*), o decassílabo (nas canções, écloga, heróide, odes, na sátira *Mentirei ou direi a verdade*, nos sonetos, em *Às Artes* e em *O desertor*) e o alexandrino ainda em sua versão primitiva em língua portuguesa, como a justaposição de dois hexassílabos (nas epístolas e na sátira *Os vícios*). Não é menor a variedade de estrofes: dísticos, "terza-rima", quadras, quintilhas e uma imensa variedade de combinações de decassílabos e hexassílabos que, nos madrigais de *Glaura*, chega praticamente a todas as possibilidades.

No plano da rima a riqueza também é grande. Mesmo que vários mestres do momento preferissem o uso de versos brancos, este só é utilizado por Silva Alvarenga em três textos (*O desertor*, na sátira *Mentirei ou direi a verdade* e no poema *Às Artes*), e o domínio técnico com que os versos são trabalhados aponta abertamente para o virtuosismo. O caso mais evidente são os rondós de *Glaura*, em que o ritmo constante e de apelo popular do verso redondilho maior esconde um intrincado entrelaçamento de sons:

> *Sobre o feno recostado,*
> *Descansado afino a lira,*
> *Que respira com ternura*
> *Na doçura do prazer.*

Amo a simples Natureza:
Busquem outros a vaidade
Nos tumultos da cidade,
Na riqueza e no poder.

Desse pélago furioso
Não me assustam os perigos,
Nem dos ventos inimigos
O raivoso combater
 ("O prazer", rondó XXIV)

A frase direta, que recorre a poucos hipérbatos e que muito freqüentemente continua de um verso para outro, no refrão, primeira estrofe, apresenta como em quase todos os outros rondós o seguinte esquema de rimas internas:

```
_ _ _ _ _ _ A
_ _ A _ _ _ B
_ _ B _ _ _ C
_ _ C _ _ _ D
```

criando uma rica teia de sons que ecoam. As quadras seguintes trabalham menos a rima interna, e retomam sempre ao final a rima que encerra o refrão (obrigatoriamente uma oxítona):

```
_ _ _ _ _ _ E
_ _ _ _ _ _ F
_ _ _ _ _ _ F
_ _ E _ _ _ D
```

```
_ _ _ _ _ _ G
_ _ _ _ _ _ H
_ _ _ _ _ _ H
_ _ G _ _ _ D
```

Em outros poemas, os jogos com rimas internas também são utilizados, e a impressão causada é sempre de naturalidade, isso porque em nenhum momento o artifício da rima se sobrepõe à enunciação do pensamento. O modo com que as rimas internas passam despercebidas do leitor, trabalhadas num enunciado que se avizinha da prosa, se deve muito aos valores neoclássicos abraçados e defendidos por Silva Alvarenga, que prega justamente a limpidez do enunciado, que não deve ser suplantado pelo artifício literário. É possível confirmar que o poeta tem consciência disto com base nas considerações que ele próprio faz nas *Reflexões críticas sobre a ode do bacharel Domingos Monteiro* com relação ao uso de rimas. Trata-se de um texto só recentemente publicado, por certo autógrafo, em que, movido pelas críticas que o bacharel teria feito à *Ode no dia da colocação da estátua eqüestre de D. José I* (que, segundo Alvarenga, teriam passado "além dos limites que lhe tem posto a Justiça e a Prudência"), o poeta faz treze reflexões sobre uma ode de seu rival ao mesmo tema. Muito rico em informações sobre as práticas e os valores literários do século XVIII, o texto diz sobre o uso de rimas:

> Antes de entrar nos defeitos particulares desta Ode, qualquer mediocremente instruído achará que reina por quase toda ela uma péssima escolha, ou, para melhor dizer, suma pobreza de rimas, sendo muito poucas as estrofes em que o *d* não metesse consoantes em *ada*, *ade* e *ado*.[28]

---

28. Conferir TOPA, Francisco, *op. cit*.

Mesmo que a crítica à "pobreza de rimas" tenha sido movida por certo orgulho ferido, ela mostra atenção à manipulação dos elementos constitutivos do enunciado poético. Cada elemento deve contribuir para o todo, e é claro que, se esta perspectiva serve de justificação para as críticas a outros poetas, pode e deve ser aplicada às suas próprias obras. Variedade e discrição devem ser trabalhadas juntas para que o texto não caia em excessos. Outros elementos que "ultrapassem a justa medida" foram criticados mais tarde nas *Quintilhas ao vice-rei Luís de Vasconcelos*:

> Dois trocadilhos formemos
> Sobre o nome de Luís,
> Seja *Luz* ou seja *Liz*,
> O epigrama feito temos,
> E só lhe falta o nariz.
>
> Acrósticos! Isso é flor
> Dum engenho singular;
> Quem os souber formar,
> Que certo tinha o penhor
> Para a muitos agradar!
>
> Agudíssimos poetas,
> Gente bem-aventurada,
> Que estudando pouco, ou nada,
> Tem na cabeça essas petas,
> E outra muita farfalhada!...

As ironias das quintilhas indicam o desgosto de seu autor com a "falta de estudo" que os "efeitos fáceis" mostram. Estes dois não são exemplos ocasionais na obra de Silva Alvarenga; talvez ela seja a mais rica da literatura brasileira neoclássica em reflexões de caráter metapoético e crítico, assim como é certamente a mais variada em matéria de gêneros.

Já os primeiros textos do autor se dedicam justamente à elaboração do discurso didático sobre o fazer poético. As pesquisas de Francisco Topa revelaram que o primeiro texto impresso com o nome de Alcindo Palmireno, quando o autor ainda era estudante na Universidade de Coimbra, foi a *Epístola a Termindo Sipílio*, em 1772. Se o poema já era bastante conhecido da crítica, a nova posição que ele ocupa no conjunto da obra do poeta reforça a importância da sua teorização de caráter neoclássico.

A *Epístola* faz o elogio ao *O Uraguai* de Basílio da Gama, que não era o que se poderia chamar de uma "unanimidade" no ambiente português, e aproveita a ocasião para tecer comentários sobre determinadas práticas e figuras da vida intelectual da metrópole, numa clara tomada de partido estético. A série de preceitos e críticas que se seguem ao elogio a *O Uraguai* reforça a posição adotada pelo novo autor diante dos hábitos culturais e literários em que está se inserindo: defesa do equilíbrio ("Teu Pégaso não voa furioso ..., mas ... conhece a mão e o freio"), valorização dos clássicos ("Ou Boileau torne a empunhar contra vós a espada"), adequação aos modelos ("Usarás Catulo na morte de quem amas/ D'alambicadas frases e agudos epigramas?"), segurança dada pelas práticas tradicionais ("se cheio de si mesmo por um capricho vão/ tem por desdouro o ir por onde outros vão,/ é co dedo apontado famoso delirante"), estudo constante ("Quem sobe mal seguro tem gosto de cair"), necessidade da crítica ("Se eu vou falar de jogos, só por dizer,... o crítico inflexível conhece-me a pobreza e ri-se da abundância").

Se muito já se discutiu a respeito da expansão dos conceitos clássicos de poesia em direção à subjetividade de caráter pré-romântico nesta *Epístola*[29], não parece oferecer dúvida o fato de que ela se coloca na linha explícita das lições de Horácio e Boileau, às vezes diretamente traduzidos. Toda esta preocupação teórica de Silva Alvarenga pode se justificar porque, inserida no conjunto de valores neoclássicos, a poesia não é entendida por ele (assim como por seus contemporâneos) como mero divertimento, mas como atividade que tem no horizonte a formação moral e intelectual do cidadão, já que é ela quem dá exemplo das belas ações e, no limite, inclusive origem às outras disciplinas. Esta é a mesma opinião reforçada no "Discurso sobre o poema herói-cômico" que introduz *O desertor* (primeira grande obra de fôlego de Silva Alvarenga), no qual, seguindo a lição aristotélica, o autor conclui que este gênero de poe-

---

29. Conferir MARTINS, Wilson, *História da inteligência brasileira*, São Paulo, Cultrix/ Editora da Universidade de São Paulo, 1978.

ma "porque imita, move e deleita, e porque mostra ridículo o vício, e amável a Virtude, consegue o fim da verdadeira poesia".

A narrativa que se segue se insere neste mesmo universo de referências ao contar a história de Gonçalo, um estudante que quer se poupar aos esforços do estudo na ocasião da Reforma da Universidade, e foge com outros estudantes preguiçosos para Mioselha, uma suposta terra de fartura e descompromisso. As figuras, as situações e os discursos que surgem ao longo do poema são todos conduzidos no sentido de defender valores e atacar vícios. A idéia de mero deleite está fora do horizonte teórico desses primeiros poemas de Silva Alvarenga.

Na *Epístola,* em *O desertor* e nas *Reflexões* são referidos Homero, Plauto, Virgílio, Lucrécio, Tasso, Camões, Boileau, Diogo Bernardes, Pope, Platão, Aristóteles, Sosícrates, e num passo interessante de *O desertor* a descrição de uma "estante carunchosa" na casa de um dos companheiros de Gonçalo faz um resumo da literatura seiscentista considerada "rudes montões de gótica escritura". Todas as autoridades e contra-exemplos são escrupulosamente elencados e colocados em seus devidos lugares, de modo que não haja dúvidas sobre o valor intelectual ou moral do que se escreve.

A mesma tematização poética do compromisso com a virtude aparece nas sátiras, nomeadamente na intitulada *Os vícios,* em que os retratos das personagens viciosas vão sendo encadeados de modo que enfileirem os defeitos morais que devem ser evitados, até que a visão de conjunto força a única personagem sensata, o provinciano Ergasto, que "ignora /Os afetados modos que o vão casquilho adora", a fugir da cidade para o seu "feliz deserto". A semelhança deste julgamento moral com o lugar comum desenvolvido na poesia pastoril, que opõe a "simples Natureza" aos "tumultos da cidade", não é mera coincidência, porque a atividade poética, afinal, é resultado de uma atitude pessoal e intelectual diante do mundo e seus problemas. A realização do ideal poético da Arcádia tem, deste ponto de vista, menos a ver com uma ficção estritamente literária, supostamente vazia (como a crítica romântica e pós-romântica preferiu enxergar), que com um projeto intelectual e humano com repercussões éticas e até políticas[30].

As conexões entre a teorização do fazer poético e a realização dos poemas propriamente ditos são razoavelmente claras no universo neoclássico, assim como o comprometimento da invenção com a exemplificação didático-moralizante é igualmente reconhecível. Tudo isto pode indicar que a teorização de caráter político, também bastante presente no universo neoclássico, não deve estar totalmente fora do horizonte de valores que compõem um texto de aparência apenas lírica. Não parece haver para os poetas do século XVIII a mesma separação rígida de

---

30. Conferir RUEDAS DE LA SERNA, Jorge Antônio, *op. cit.*

invenção e compromisso que o Romantismo enxerga na poesia.

A discussão política pode parecer extremamente afastada dos poemas líricos de gosto bucólico, mas faz parte da obra de quase todos os autores do momento na poesia encomiástica. E, se a poesia pastoril encena um "ideal de vida", pode ser que este também seja pautado pelos mesmos valores que são explicitados em poemas de caráter mais abertamente ético e político, assim como a realização técnica dos poemas está indiciada na teorização dos textos abertamente críticos.

A visão predominante nos séculos XIX e XX acerca dos poemas especificamente laudatórios sempre foi, entretanto, demasiado desmerecedora, como se se tratasse de uma excrescência que deveria ser apenas tolerada pelo crítico moderno. A história de publicação desse tipo de poema não parece justificar este ponto de vista, pois os poetas se preocupavam bastante com o lugar que os textos encomiásticos ocupavam em suas obras (muitas vezes publicados antes de seus textos líricos). A explicação disso com base no mero interesse imediato em obter o favor do soberano não parece ser suficiente para justificar essa importância.

O caso de Silva Alvarenga pode reforçar este aspecto, pois os poemas de caráter encomiástico dominaram quase todas as suas primeiras publicações: há traços bastante elogiosos às autoridades em *O desertor* e na *Epístola a Termindo Sipílio*, e não servem para outra coisa a *Epís-*

tola a D. José I, a *Ode no dia da colocação da estátua eqüestre*, o soneto ao mesmo tema e a *Ode à mocidade portuguesa*. Tentando seguir a linha do compromisso entre poesia e ideal ético-estético, o poema de louvor parece desenvolver menos o elogio puro e simples da autoridade que a proposta de como esta mesma autoridade deveria proceder.

Na *Epístola a D. José I*, após elencar algumas das conquistas territoriais do novo Rei, o poeta diz:

> ... mas não: ser rico e poderoso,
> Vencer e conquistar não faz um rei ditoso. (...)
> Dar justas leis aos povos, unir com firme laço
> Paz, abundância, amor: à custa de seu braço
> Ver notar os seus dias por época feliz,
> É só para José ou César ou Luís.

As verdadeiras conquistas a que um monarca ilustrado deve almejar são as ligadas à concessão de uma vida tranqüila e equilibrada ao Estado e a seus súditos. Estes pontos figuram do elogio não como uma constatação, mas como uma espécie de sugestão, um conselho do homem ilustrado ao líder, que deve zelar pela vida e pelo desenvolvimento do reino. É com este sentido de "progresso" que a Reforma da Universidade de Coimbra aparece como um dos feitos mais importantes do ponto de vista do poeta: é a própria realização do ideal ilustrado de geração de felicidade, já que é a educação que garante as bases do futuro. Quase todos os poemas encomiásticos de Silva Alvarenga fazem questão de bater nesta tecla. Mesmo quando o elogio já não é mais dirigido diretamente a D. José, as qualidades que o chefe de Estado deve ter continuam a ser as mesmas. A louvação pode ser entendida menos como ao indivíduo que está no poder e mais como à posição que ele ocupa, ou seja, ao lugar abstrato do líder (que, assim como o escritor, tem o compromisso intelectual de se adequar aos limites da Justiça e da Prudência).

No poema *Às Artes*, de 1788, a homenagem é à rainha Maria I, monarca pouco afeita às Luzes e mais amiga da nobreza tradicional e da Igreja. Mesmo assim, o poeta descreve todo o cortejo alegórico das artes (na verdade, as ciências) para homenageá-la, tirando-a do ambiente de seus valores tradicionais e inserindo-a no contexto da Ilustração. Após o cortejo, a poesia toma a voz e começa o elogio propriamente dito:

> Tal é, Rainha Augusta, a vossa imagem:
> Tal foi o ínclito Rei, que teve a sorte
> De deixar à saudosa Lusitânia
> A digna Filha, generosa Herdeira
> Do grande coração, do vasto Império.
> Se ele invicto abateu com braço hercúleo
> A horrível Hidra, os detestáveis Monstros,
> Deixou também aos vossos firmes passos
> Da bela glória abertos os caminhos.
> O Coro ilustre das Reais Virtudes
> Vos segue em toda parte, e a Esperança
> Da nação venturosa junto ao Trono,
> Erguendo os olhos e alongando os braços,
> De vós confia, e só de vós espera
> Os belos dons da paz e da abundância.

Quem mais aparece no elogio é o pai de Maria, José I, rei que não apenas era mais agradável a Silva Alvarenga, mas que realizou melhor os ideais éticos e políticos do poeta. Maria I merece louvor, afinal, é a rainha, mas o modelo que se projeta sobre ela continua sendo o do monarca "ilustrado", tantas vezes celebrado nos tempos de estudante em Portugal. A homenagem prestada à rainha pelas Artes é semelhante à que a Verdade prestou à Reforma da Universidade (e, indiretamente, ao rei que a promoveu) em *O desertor*. E é a mesma que, alguns anos antes, a própria América prestaria em *A gruta americana*, de 1779. Neste poema, o poeta apresenta a alegoria da América quase como em uma das gravuras seiscentistas dos artistas holandeses:

> Mas que soberbo carro se apresenta?
> Tigres e antas, fortíssima Amazona
> Rege do alto lugar em que se assenta.
>
> Prostrado aos pés da intrépida matrona,
> Verde, escamoso jacaré se humilha,
> Anfíbio habitador da ardente zona.
>
> Quem és, do claro céu ínclita filha?
> Vistosas penas de diversas cores
> Vestem e adornam tanta maravilha.
>
> Nova grinalda os gênios e os amores
> Lhe oferecem e espalham sobre a terra,
> Rubins, safiras, pérolas e flores.

A América abre caminho com seu carro entre ninfas, dríades formosas e faunos petulantes, e chama a nossa atenção o destaque que sua figura adquire ao ser colocada entre as diversas entidades que habitam a representação tradicional do campo árcade. Pouco depois, o poeta vai ceder a voz para que ela própria faça o elogio à rainha. Parece até que as próprias vozes do poeta (que vai se autocaracterizar "um americano" em *Glaura*) e da sua terra que se misturam.

Esta é uma observação que abre espaço para outro tema complexo, que ainda merece mais estudo e que dá margem a exageros e parcialidade: a questão do nativismo na poesia neoclássica brasileira. Se por um lado a leitura romântica que absolutiza o nacional em Silva Alvarenga em detrimento dos "resquícios" neoclássicos parece exagerada, por outro, também não satisfaz completamente considerar "o anacronismo patente de se insistir em buscar nestes versos índices precoces de sentimento nacional revolucionário ou, como reza o léxico em questão, de 'brasilidade'"[31]. É claro que não se deve pensar em "revolução" contra um "sistema vazio". Alcindo Palmireno considera o aparato da convenção clássica (teoria e imagística) um elemento constitutivo realmente indispensável da poesia; toda a atividade crítica do autor encarece o valor da tradição e das referências habitualmente manipuladas. E no entanto

---

31. PÉCORA, Alcir, *op. cit.*

fez questão de inserir sua alegoria de América justamente no ambiente árcade.

É exatamente pelo fato de o poeta neoclássico obedecer às convenções que as pequenas brechas nelas abertas adquirem valor. Basílio da Gama não dispensava o título de "árcade romano" assim como os árcades brasileiros insistiam no pertencimento à "Arcádia Ultramarina", entidade cuja existência já gerou muita discussão. Independentemente da existência de uma entidade ou agremiação com este nome, o fato de ser simplesmente nomeada já é significativo. Com este gesto, seus "membros" parecem estar fazendo questão de marcar a inclusão no universo intelectual preexistente da tradição, afinal, o adjetivo "ultramarino" se subordina ao substantivo "árcade". Assim também, a inserção dos elementos nacionais na poesia de molde arcádico pode, quem sabe, revelar uma intenção de "elevação conceitual" da realidade americana ao *status* de elementos poéticos legítimos num universo de extrema rigidez. Vários animais e figuras do Brasil são mencionados em *O desertor*, mas sempre acompanhados de notas, explicativas ou eruditas, que os inserem no texto de forma que ultrapassem a mera experiência pessoal do poeta "americano", integrados no arcabouço intelectual do enciclopedismo.

A mesma leitura pode ser feita com as árvores e os animais brasileiros de *Glaura*, que parecem menos "invadir" os bosques da Arcádia e mais serem incorporados a eles, passando a fazer parte do seu arcabouço tópico. Tanto pode ser assim, que o primeiro dos rondós do livro, ao tentar se aproximar humildemente do modelo anacreôntico, introduz a "inovação" de forma respeitosa:

> Dos Heróis te despediste,
> Por quem Musa eterna soa;
> Mas de flores na coroa
> Inda existe o teu louvor.
>
> De agradar-te sou contente:
> Sacro Louro não me inflama:
> Da Mangueira a verde rama
> Orne a fronte do Pastor.

A "rama verde da Mangueira" é equivalente do louro, que não é desmerecido por se identificar com a tradição, mas sim por ser associado aqui com a poesia heróica, que não vai mais ser objeto do poeta.

Assim como na heróide *Teseu a Ariadna*, em que a fábula clássica é reelaborada a partir de um ponto de vista diferente, contando a versão de Teseu, a inovação em *Glaura* não parece derivar do esgotamento da tradição, mas sim de uma apropriação pessoal desta. O poeta se sente tão à vontade com o legado dos "mestres", seu sistema de referências, que pode se dar ao luxo de introduzir novidades, tanto na lenda quanto na imagística. Ariadna deixa de ser a vítima e passa a ser a inconstante. Da mesma forma, o espaço do campo da Arcádia não deixa de ter valor porque incorpora "elementos estranhos". Se *Glaura* apresenta beija-flores, mangueiras, cajueiros, que interagem tão bem com as ninfas, dríades e amores, é porque uns não chegam a anular os outros. Por outro lado, a realidade nacional incorporada ao universo clássico não deixou de ser nacional; quem sabe ela simplesmente foi legitimada como assunto poético porque passou a fazer parte da trama intelectual neoclássica, abrindo, sim, caminho para a expressão romântica da nacionalidade, mas por uma rota um pouco diferente da imaginada.

Ainda há bastante a dizer e conhecer sobre a transição do Neoclassicismo para o Romantismo na literatura de língua portuguesa, e especificamente na brasileira. A virada do século XVIII para o XIX continua a ser um período de contradições não completamente esclarecidas. A diversidade temática e genérica e a riqueza e qualidade da obra de Silva Alvarenga com certeza podem ajudar a lançar algumas luzes sobre todo este processo e sobre alguns pontos ainda obscuros de cultura e estética.

CRONOLOGIA

1749. Manuel Inácio da Silva Alvarenga nasce em Vila Rica, filho do músico Inácio da Silva e Felipa Lopes da Fonseca, mestiço e de origem humilde.

1768. Após cumprir a educação básica na sua terra de origem, fixa-se no Rio de Janeiro e freqüenta os estudos preparatórios, com o objetivo de cursar a Universidade de Coimbra.

1771. Principia os estudos superiores em Coimbra.

1772. Publica seu primeiro poema, *Epístola a Basílio da Gama,* o que faz supor que já mantinha relações com este poeta.

1773. Matricula-se em Matemática e Cânones.

1774. Publica a heróide *Teseu a Ariadna* e *O desertor; poema herói-cômico,* que terá um razoável sucesso, visto que será objeto de uma segunda edição clandestina alguns anos depois.

1775. Para festejar a inauguração da estátua eqüestre de D. José I, publica *Epístola a D. José I, Ode no dia da colocação da estátua*

eqüestre de D. José I e *Soneto no dia da colocação da estátua eqüestre de D. José I*.
Obtém o grau de bacharel e logo entra em polêmica com o poeta Domingos Monteiro a respeito de críticas a sua *Ode no dia da colocação da estátua eqüestre de D. José I*; escreve *Reflexões críticas sobre a ode do bacharel Domingos Monteiro*.

1776-88. Segunda edição de *O desertor*.

1777. Publica *O templo de Netuno*.
Regressa ao Brasil em companhia do padre Antônio Caetano de Vilas-Boas (irmão de Basílio da Gama) no navio Príncipe da Beira, onde, a julgar pelos poemas satíricos que escreveu, todos passaram por grandes privações. Permanece alguns anos na comarca do Rio das Mortes, Minas Gerais, antes de se fixar no Rio de Janeiro, onde exerce a advocacia.

1779. Publica *A gruta americana*.

1780. Publica *O canto dos Pastores*.

1782. É nomeado professor-régio pelo vice-rei Luís de Vasconcelos e inicia as aulas-régias de retórica e poética em sua própria casa.

1783. Recita a cantata *O bosque d'Arcádia* na inauguração do busto da rainha Maria I no Passeio Público do Rio de Janeiro.

1785. Publica *Apotheosis poetica a Luís de Vasconcelos*.

1786. Iniciam-se os encontros da Sociedade Literária do Rio de Janeiro, sob a proteção do vice-rei Luís de Vasconcelos.

1787. Envia, em colaboração com João Marques Pinto, professor-régio de grego, uma carta a

d. Maria I sobre a situação do ensino no Rio de Janeiro, na qual acusa os frades de boicotarem as aulas-régias e propõe a desapropriação de um convento franciscano para servir de escola pública.

1788. Recita e publica o poema *Às Artes*, em homenagem ao aniversário da rainha Maria I.

1790. Com a retirada de Luís de Vasconcelos, fecha-se a Sociedade Literária do Rio de Janeiro.

1794. Em junho, o Conde de Resende, novo vice-rei do Rio de Janeiro, manda reabrir a Sociedade Literária, que funcionava na casa para onde Silva Alvarenga acabara de se mudar, na rua do Cano (atual Sete de Setembro), 78, mas logo o vice-rei manda fechá-la. Devido à denúncia de José Bernardo da Silveira Frade, é preso a 4 de dezembro, juntamente com outros membros da Sociedade Literária, João Marques Pinto (professor-régio de grego), Jacinto José da Silva (médico) e Mariano José Pereira da Fonseca (futuro marquês de Maricá), acusados de "travar e manter conversações e práticas em que, envolvendo discursos os mais escandalosos e sacrílegos contra a nossa Augusta Religião, se dirigiam a persuadir e a justificar a Rebelião da Nação Francesa e a deprimir e a destruir a autoridade e o poder dos Reis".
Todos os seus bens e papéis são seqüestrados e analisados para o inquérito.

1795. Preso na Fortaleza da Conceição, sofre nove inquirições no período entre 4 de julho e 14 de setembro, todas dirigidas pelo desembargador e poeta Antônio Dinis da Cruz Silva.

1797. Depois de Mariano José fazer uma petição diretamente à rainha Maria I, esta orienta o vice-rei Conde de Resende a enviar os presos a Lisboa para ou dar continuidade aos inquéritos ou libertá-los; entendendo que as provas levantadas até o momento não eram concludentes, Cruz Silva recomenda a libertação.

1799. Publica *Glaura, poemas eróticos de um americano*.

1801. Segunda edição de *Glaura*.

1813. Publica *Às Artes, Apotheosis poetica, A tempestade, Ode no dia da colocação da estátua eqüestre de D. José I* e *O canto dos Pastores* na revista literária *O Patriota*.

1814. Falece a 1º de novembro, solteiro, sem herdeiros, e lega seus bens a Joaquina Maria de Lima, negra e escrava. É sepultado na igreja de São Pedro.

1815. Após ser vendida ao livreiro Manoel Joaquim da Silva Porto, a biblioteca pessoal de Silva Alvarenga é comprada pela Biblioteca Real e incorporada ao seu acervo; era a maior biblioteca particular do Brasil. Mesmo depois de vários volumes terem sido comprados por diversos amigos do poeta, restaram à Biblioteca Real 1.576 volumes.

NOTA À PRESENTE EDIÇÃO

As obras de Manuel Inácio da Silva Alvarenga ainda não foram objeto de uma edição crítica que lhes fixasse o texto. Na verdade, fazendo exceção a esforços mais recentes, nem mesmo têm sido objeto de edição. Em vida, o poeta teve vários de seus poemas publicados pela Régia Oficina Tipográfica, pela Real Oficina da Universidade (de Coimbra), pela Oficina Nunesiana e pela Oficina de Pedro Ginioux, sempre em edições bem cuidadas, praticamente isentas de erros; ainda em vida, alguns de seus poemas foram publicados na revista literária *O Patriota*, de 1813 a 1814. Postumamente, mais alguns poemas vieram à luz em antologias (*Parnaso brasileiro, Florilégio da poesia brasileira*) até ser fixado o que se convencionou como cânone nas *Obras poéticas de Manoel Ignácio da Silva Alvarenga* (1864), coligidas por Joaquim Norberto de Sousa Silva, precedidas de uma boa antologia de juízos críticos sobre o autor.

Após as *Obras poéticas*, o número de publicações de obras de Silva Alvarenga foi caindo visivelmente. Excetuando-se poucas edições de *Glaura* e algumas antologias de poesia brasileira ou especificamente árcade, o nome do autor sobrevivia muito mais que seus textos. Entre 1864 e 2003 (ano da publicação de *O desertor* pela Editora da Unicamp), há apenas dois volumes (sempre excetuando as reedições de *Glaura*) dedicados exclusivamente a obras poéticas de Silva Alvarenga.

No que toca ao cânone, a partir de 1997, o estudioso português Francisco Topa iniciou a sua ampliação com publicação de artigos a respeito de novas versões e textos inéditos que culminariam no que é, hoje, o trabalho que mais se aproxima de uma edição crítica das obras do poeta mineiro, *Para uma edição crítica da obra do árcade brasileiro Silva Alvarenga.*

A presente edição procura reunir as contribuições das duas edições mais completas das obras de Silva Alvarenga, a de Joaquim Norberto e a de Francisco Topa, que, juntas, cobrem toda a obra do poeta conhecida até o momento. Os textos reunidos por Norberto já fazem parte da tradição de leitura e de crítica do autor de *Glaura*, pois serviram de base para todas as aproximações e estudos feitos ao longo do século XX, mas apresentam algumas pequenas incorreções e arbitrariedades (principalmente quanto à pontuação e quanto ao uso de letras maiúsculas, sem contar algumas confusões nas notas) que, mesmo que não comprometam a compreensão imediata, distorcem um pouco certos efeitos de sentido pretendidos pelo autor. A edição de Francisco Topa traz algumas novas versões dos textos coligidos por Norberto, sem mostrar novidades quanto aos poemas já conhecidos, mas apresenta outros textos que, ou passaram despercebidos da crítica quando de sua publicação em antologias ou obras diversas, ou foram descobertos em fontes manuscritas em bibliotecas e acervos brasileiros e portugueses.

Para esta edição, que tem como principal objetivo tornar as obras de Silva Alvarenga novamente acessíveis ao público leitor e aos estudiosos de literatura e cultura brasileiras, considerei fundamental acrescentar os poemas trazidos à luz por Francisco Topa aos já conhecidos através da edição de Norberto, visto que apresentam novidades que tanto reforçam aspectos já conhecidos do poeta (suas preocupações com a crítica intelectual e poética) como podem ajudar a redimencionar aspectos que nem sempre receberam tanta atenção dos estudiosos (sua vertente satírica circunstancial), além de enriquecerem a já bastante variada gama de formas e gêneros cultivados por Silva Alvarenga. Como, no entanto, o objetivo deste volume não é um trabalho de crítica textual, as questões desta ordem serão remetidas ao trabalho de Francisco Topa, muito mais anotado e justificado.

Já que não se conhecem manuscritos autógrafos de poemas de Silva Alvarenga, sempre que possível, foram consultadas as primeiras edições dos poemas (nem sempre acessíveis devido à raridade) para o cotejo e solução de dúvidas quanto a interpretação, pontuação e ortografia. Esta última, entretanto, teve que ser atualizada, assim como alguns aspectos da pontuação precisaram ser adequados ao uso corrente, desde que não interferissem no conteúdo do texto; como as próprias primeiras edições trazem flutuações quanto à ortografia (às vezes dentro de um mesmo poema), elas foram em geral mantidas quando interferiam na métrica e, quando não interferiam, foram padronizadas pela forma mais usual no português brasileiro. Outra flutuação padronizada foi o uso de aspas para indicação de falas, o que facilita a compreensão às vezes ambígua dos limites entre a voz do sujeito lírico e de suas personagens.

Como outros poetas árcades, Silva Alvarenga tinha o costume de introduzir notas explicativas e de referência ao longo de seus poemas; estas notas vêm acompanhando o texto, no rodapé.

OBRAS POÉTICAS

POEMAS LÍRICOS

CANÇÕES

APOTHEOSIS POETICA

AO ILUSTRÍSSIMO E EXCELENTÍSSIMO
LUÍS DE VASCONCELOS E SOUSA
VICE-REI E CAPITÃO GENERAL DE MAR E TERRA
DO BRASIL

Oferecida no dia 10 de outubro de 1785

> Serus... redeas:
> Hic ames dici Pater
> HORAT., Lib. 1, Od. II.

Egrégia flor da Lusitana Gente,
    Nobre inveja da estranha,
D'antigos Reis preclaro descendente[1], →

---

1. Para verificar-se Real a ascendência desta Excelentíssima Família, basta notar que, sendo a sua varonia de Vasconcelos, e tendo princípio no Conde D. Osório, este casou com D. Rufa, neta de El-Rei D. Fernando; e igualmente que o Excelentíssimo sr. Afonso de Vasconcelos, sétimo Conde de Calheta, casou com a princesa Pelagia Senfronia de Rohan, de quem nasceu o Ilustríssimo e Excelentíssimo Senhor José de Vasconcelos e Sousa, quarto Conde de Castelo-Melhor.

Luís, a quem se humilha quanto banha
Do Grão Tridente o largo Senhorio,
Desd'o Amazônio até o Argenteo Rio[2]

Enquanto concedeis repouso breve
    Às rédeas do Governo,
Ouvi a Musa, que a levar se atreve,
Ao som da Lira do ouro, em canto eterno,
O Nome vosso a ser brilhante Estrela,
Onde habita imortal a Glória bela.

Só às Filhas do Céu foi concedido
    Do Letes frio e lasso
Os Heróis libertar; calca atrevido
Tempo devorador, com lento passo,
Tudo quanto os mortais edificaram;
Nem deixa os ecos das ações que obraram.

Recebe o vasto Mar no curvo seio[3]
    Os mármores talhados;
O amoroso Delfim, o Tritão feio.
Respeitem temerosos e admirados
A Muralha, onde Thétis quebra a fúria;
Do marítimo Jove eterna injúria.

Ao ar se eleve Torre majestosa[4],
    Tesouro amplo e profundo →

---

2. Desde o Rio das Amazonas até o da Prata estão as Províncias que formam o Estado do Brasil.

3. O novo Cais na Marinha da Cidade.

4. O magnífico edífico da Alfândega, que tem na frente esta Inscrição:

    EN MARIA PRIMA REGNANTE E PVLVERE SVRGIT
    ET VASCONCELLI STAT DOMVS ISTA MANV.

Das riquezas, que envia a populosa
Europa e Ásia grande ao Novo Mundo;
Por quem soberbo, ó Rio, ao mar te assomas,
Tu, que do Mês primeiro e nome tomas[5].

Lago triste e mortal, no abismo esconda[6]
    Pestíferos venenos;
E o leito, onde dormia a estéril onda,
Produza os Bosques e os Jardins amenos,
Que adornando os fresquíssimos lugares,
Dêem sombra à terra e dêem perfume aos ares.

O vosso invicto Braço os bons proteja,
    E os soberbos oprima:
Modelo sempre ilustre em Vós se veja
De alma grande, a quem bela glória anima;
Regendo o Cetro respeitado e brando;
Digno de Mão que Vos confia o Mando.

Os justos prêmios de êmula Virtude
    Da vossa mão excitem
Ao nobre, ao generoso, ao fraco e rude;
As Artes venturosas ressuscitem;
E achando em Vós um ínclito Mecenas,
Nada invejem de Roma, nem de Atenas.

---

    5. O Rio de Janeiro.
    6. O Passeio público no lugar onde houve uma lagoa que infeccionava a vizinha Cidade. Este sítio é delicioso pela sombra e boa ordem das árvores, plantas aromáticas e cristalinas fontes.

A Paz, a doce Paz contemple alegre
    As Marciais bandeiras:
Prudente e justo o vosso arbítrio regre
E firme a sorte de nações inteiras;
Derramando por tantos meios novos
A ditosa abundância sobre os Povos.

Cresça a próspera Indústria que alimenta
    Os sólidos tesouros:
O Ócio torpe e a Ambição violenta
Fujam com funestíssimos agouros;
Fuja a cega Impiedade; e por castigo
Negue-lhe o Mar, negue-lhe a Terra abrigo.

Ações famosas de louvor mais dignas
    Que as de Cesar e Mário!
Vós não sereis ludíbrio das malignas
Revoluções do Tempo iníquo e vário:
Que as belas Musas, para eterno exemplo,
Já vos consagram no Apolíneo Templo.

Lá se erige mais sólida coluna,
    Que o mármore de Paros;
E longe dos teus golpes, ó Fortuna,
Lá vive a imagem dos Heróis preclaros;
Assim respeita o tempo os nomes belos
De Cipiões, de Emílios, de Marcelos.

Entre estes vejo o Aquiles Lusitano[7],
    Que, pródigo da vida, →

---

7. Martin Moniz, Filho de D. Moninho Osório, e Neto do Conde D. Osório, governou uma das linhas da batalha

Foi o açoite do bárbaro Africano,
E exemplo raro d'alma esclarecida,
De que são testemunhas nunca mortas
D'Ourique o campo, de Lisboa as portas.

O grande Vasconcelos vejo armado[8],
   Que arranca e despedaça
O alheio férreo jugo ensangüentado;
E os soberbos Leões forte ameaça;
Da guerra o raio foi, da paz o leme;
América inda o chora, Espanha o teme.

Quem é o que entre todos se assinala
   No próvido conselho,
E no valor e na prudência iguala
Da antiga Pilos o famoso velho?[9]
É Pedro, que com ombros de diamante[10]
Foi dum e d'outro Céu robusto Atlante.

---

do Campo de Ourique, onde deu grandes provas do seu valor; e depois no ano de 1147, quando El-Rei D. Afonso I sitiou e ganhou Lisboa, morreu valerosamente nas portas do Castelo, que ainda conservam o seu nome.

8. D. João Rodrigues de Vasconcelos e Sousa, segundo Conde de Castelo-Melhor, na guerra da aclamação ganhou muitas vitórias e governou as Armas das Províncias de Trás-os-Montes, do Minho, o Exército do Além-Tejo, e depois o estado do Brasil.

9. Nestor, o mais prudente dos Gregos.

10. Pedro de Vasconcelos e Sousa, Filho de Simão de Vasconcelos e Sousa, Neto de D. João Rodrigues de Vasconcelos e Sousa, foi Mestre de Campo General com o Governo das armas do Minho, Beira e Além-Tejo, Governador e Capitão General do Estado do Brasil, embaixador extraordinário à Corte de Madri, do Conselho de Guerra, Estribeiro-Mor da Princesa do Brasil etc.

Mas que lugar glorioso Vos espera
  A par de tais Maiores,
Ínclito Herói, na cintilante esfera?
Eu vejo o Busto, que entre resplendores
As Virtudes e as Musas vos levantam
Ao som dos hinos, que alternadas cantam.

Luís, Luís a abóbada celeste
  Por toda a parte soa;
E tu, ó Clio, tu que lhe teceste
Coa própria mão a nítida coroa,
A voz levantas, entornando as Graças
O néctar generoso em áureas taças:

"Delícia dos humanos, clara fonte
  De Justiça e Piedade,
Não sentirás do pálido Aqueronte
Férreo sono, nem densa escuridade!"
Cantou a Musa; a Inveja se devora,
E o Tempo quebra a foice cortadora.

Então, dentre segredos tenebrosos
  Erguendo o braço augusto,
Que viu nascer os Orbes luminosos,
Dá vida a Eternidade ao novo Busto.
Um chuveiro de luz sobre ele desce,
E nova estrela aos homens aparece.

Astro benigno! eu te ofereço a Lira
  De louros enramada:
Recebe... ela já voa e sobe e gira,
Rompendo os ares de esplendor cercada;
Já Satélite adorna o Firmamento,
E te acompanha lá no Etéreo Assento.

Canção, quanto te invejo!
Vai, e ao feliz Habitador do Tejo
Conta que a nova Estrela,
Banhada em luzes da Rainha Augusta,
Reflete ao Novo Mundo a Imagem dela.

A TEMPESTADE

No dia dos anos da rainha dona Maria I,
em 17 de dezembro de 1797

> Horrida tempestas coelum contraxit et imbros,
> Nivesque deducunt Jovem:
> Nunc mare, nunc silvae
> Treicio Aquilone sonant.
> Horat., Epod. 13.

Fraco batel em tormentosos mares,
Vou sem vela, sem leme e sem piloto;
　　O turbulento Noto
Revolve as ondas e as eleva aos ares;
E Bóreas, que em tufões subir costuma,
Borrifa os astros coa salgada espuma.

O feroz Euro, o Áfrico atrevido
Quebram ferrolhos e prisões eternas
　　Nas Eólias cavernas,
Donde saem com hórrido bramido,
Varrendo e devastando em dura guerra
As campanhas do mar e os fins da terra.

É este o vau, o rouco vau, que habitam
Surdos naufrágios e implacáveis medos;
    São estes os rochedos
Que o vasto golfo sorvem e vomitam,
E já sobre os perigos horrorosos
Ouço da infame Cila os cães raivosos.

Turba-se o ar, as nuvens se amontoam
Da negra tempestade ao fero açoite;
    Do Érebo surge a Noite,
O horror e as sombras; os rochedos soam,
Estala o Céu e o raio furibundo
Desce inflamado a ameaçar o Mundo.

Ao clarão do relâmpago aparecem
No fundo pego de Nereu as casas,
    E sobre as fuscas asas
Das grossas nuvens os chuveiros descem;
E entanto, ó lenho, combatido tocas
As Estrelas no Céu, no Abismo as Focas.

Ó Gênio tutelar, Astro brilhante,
Que enches de luz o Império Lusitano,
    Aparta o fero dano
Da destroçada quilha flutuante,
E o frágil resto do batel quebrado
Toque feliz o porto desejado.

E enquanto alegre e ínclita vitória
Vai seguindo os teus passos e a Piedade,
    A cândida Verdade,
As Graças, a Justiça, a Fama, a Glória,
E o prazer imortal, que o Céu reserva
Ao real coração, que a Paz conserva:

Ergue benigna a Mão, Rainha Augusta,
A poderosa Mão, a quem adora
    E teme o ocaso, a aurora,
Os frios pólos e a região adusta;
Ampara o novo gênio americano
Que sobe a par do grego e do romano.

Sobre o Mênalo as Musas o educaram
Para cantar a glória dos Monarcas,
    Mas logo o Tempo e as Parcas
Negro fel nos seus dias derramaram;
Falta o suave alento à curva Lira,
E já cansada de chorar suspira.

Voa, canção, à nobre foz do Tejo;
Não temas ir de climas tão remotos,
Pois te acompanham os meus puros votos.

CANTATA

O BOSQUE DA ARCÁDIA

1ª Noite

CORO DAS NINFAS
Ó louros do Parnaso,
Cobri com vossos ramos
O voto que elevamos
À Deusa Tutelar.

Sonho, ou deliro! Eu vejo as claras fontes,
Os verdes bosques e os floridos vales
    Do famoso Erimanto.
    Eu vejo o Deus da Arcádia
E as belas Ninfas, que em polido bronze,
    Em honra deste dia,
Gravam o Nome e a Glória de Maria.

CORO
Alegre, a Primavera
Por Ti seus dons entorne
E novos anos torne →

Festiva a numerar.
Ó louros do Parnaso,
Cobri com vossos ramos
O voto que elevamos
À Deusa Tutelar.

Da bela Arcádia os bosques venturosos
Em doces vozes de alegria soam;
   As Ninfas se coroam
De brancas flores, entoando alegres
Novas canções à glória deste dia.
Ninfas da Arcádia, se eu mereço tanto,
Juntai aos vossos hinos o meu canto.

CORO
As Graças melindrosas
E os Amorinhos belos
Lhe prendem os cabelos
E os tornam a soltar.
Ó louros do Parnaso,
Cobri com vossos ramos
O voto que elevamos
À Deusa Tutelar.

Trazei flores de Tempe ou de Citera,
Ou donde reina eterna a Primavera;
   Voe o prazer e o gosto
À fresca margem do famoso Tejo,
E a Paz por longos tempos nestes montes
Respeite o bronze, o Nome de Maria;
Que por mais que o teu giro, ó Tempo, mudes,
Vai sempre a coroar novas virtudes.

CORO
As Cândidas Virtudes
E os Dotes Soberanos,
No giro de seus anos,
Voam a multiplicar.
Ó louros do Parnaso,
Cobri com vossos ramos
O voto que elevamos
À Deusa Tutelar.

Eu vejo o terno Amor, que abrindo as asas,
Leva das Ninfas o sincero voto
    Aos elevados cumes
    Do Mênalo, onde a Fama
O espera alegre, e generosa voa.
Abri, Musas, o Templo da Memória,
Que a Fama chega a colocar com glória
    O bronze esclarecido
    Que neste clima adusto
Retrata a vez primeira o Régio Busto.

CORO
Ó louros do Parnaso,
Cobri com vossos ramos
O voto que elevamos
À Deusa Tutelar.

Tempo voraz, a glória das virtudes
Não é sujeita ao teu furor iníquo.
Sejam tuas as torres e as muralhas;
Podes lançar por terra, a teu arbítrio,
Altas cidades e nações inteiras, →

Que ilesos hão-de ser em toda a Idade
O Régio Busto, o Nome de Maria
E a Glória imensa deste grande dia.

      CORO
Ó louros do Parnaso,
Cobri com vossos ramos
O voto que elevamos
À Deusa Tutelar.

Que suave prazer, que doce encanto!
    Vejo mover-se o bosque,
Dançam as Ninfas, curvam-se os loureiros,
As verdes murtas, as invictas palmas
    Por si mesmas se enlaçam,
E a fonte cristalina e o brando vento
Respiram natural contentamento.
Rainha Augusta, aceita os puros votos
Que te oferece a Arcádia, enquanto as Musas
    Fazem voar meus versos
Sobre as asas do Gênio Americano,
    Para que a Tua Glória,
    Além do mar profundo,
Chegue aos últimos fins do Novo Mundo.

2ª Noite

    CORO
Na cópia bela
Do bronze Augusto,
O Régio Busto
Vive imortal.

Não é este o lugar onde dormia
De verde-negras ondas triste lago?
Eu vi há pouco a Peste, a horrível Peste,
Tintas as asas de mortal veneno,
    Nestes mesmos lugares
Surgir das águas e infestar os ares,
    Trazendo por coorte
O Horror, a Sombra, a Palidez da Morte.
Negro vapor encobre a face bela
    Do Estelífero Pólo,
E o feio monstro que o veneno encerra
Quer dos viventes despojar a Terra.

    CORO
    Na cópia bela
    Do bronze Augusto,
    O Régio Busto
    Vive imortal.

    Mas que improvisa cena,
Que benéfica mão, que Astro brilhante,
    Raiando nestes montes,
Nuvens dissipa, aclara os horizontes,
E apartando o Letífero Veneno,
Faz do Lago da Morte um sítio ameno?
Já ergue a Terra, as ondas se sepultam,
    E os novos arvoredos,
Estendendo os seus ramos, anunciam
Grato prazer da mãe da Natureza,
Que há-de dar na Estação flores belas,
Ao grande Vasconcelos, mil capelas.

CORO
Na cópia bela
Do bronze Augusto,
O Régio Busto
Vive imortal.

São os Monarcas a alma dos Impérios,
E a sua Imagem, digna de respeito,
Elevada nos públicos lugares,
 Deve animar os Povos.
Assim a Grécia, assim a antiga Roma
Bronzes fundia e mármores lavrava,
 Em que a Posteridade
Respeitasse a Justiça e a Majestade.
Por isso, o Ilustre, o Sábio Vasconcelos,
Que no Livro do Mundo a História escreve,
Consagrando este sítio ao Nome Augusto,
Grava no firme bronze o Régio Busto.

CORO
Na cópia bela
Do bronze Augusto,
O Régio Busto
Vive imortal.

Magnífica cidade, tens a glória
De ser neste Brasílico Hemisfério
 A primeira que viste,
Enlevado entre pompa e luzimento,
Do Régio Busto o eterno Monumento.
E tu, que carregado dos despojos
 Da triste Humanidade, →

Voas nas asas dos ligeiros anos,
Tempo voraz, respeita,
Nesse metal polido,
Da alta Rainha o Nome esclarecido;
Nem profanes a Glória
Que alcança nos seus dias os mais belos
O ínclito Herói, o grande Vasconcelos.

CORO
Na cópia bela
Do bronze Augusto,
O Régio Busto
Vive imortal.

Mote

Neste público Passeio
As três Graças se ajuntaram.

Glosa

A amenidade, o recreio,
A frescura e o prazer,
Tudo junto chego a ver
Neste público Passeio.
Apolo a admirá-lo veio,
As Musas o acompanharam;
Batendo as asas chegaram
Os delicados Amores;
E para enlaçar as flores
As três Graças se ajuntaram.

3ª Noite

CORO
Na cópia bela
Do bronze Augusto,
O Régio Busto
Vive imortal.

Ditosos arvoredos
Que nestes ameníssimos lugares
Alegres estendeis os novos ramos!
Ditosa Terra que em teus fortes ombros
O Pórtico sustentas,
O Pórtico feliz onde aparecem,
Dum lado as Régias Quinas vencedoras,
E doutro lado o Bronze esclarecido,
Monumento de glória que retrata,
Por nobre empenho d'alta mão robusta,
A bela Imagem da Rainha Augusta.

CORO
Na cópia bela
Do bronze Augusto,
O Régio Busto
Vive imortal.

Oh, mil vezes feliz o raro engenho
Que honrou este retiro
Com tão caros penhores que respeita
Dos vassalos fiéis o Amor sincero!
Estas as Quinas são que tremulando
Nas ínclitas bandeiras,
Foram terror do Ibero e do Africano, →

E os mares subjugando do Oriente
Viram cair as luas e os alfanjes
Nas frias margens do assustado Ganges.

   CORO
   Na cópia bela
   Do bronze Augusto,
   O Régio Busto
   Vive imortal.

É esta a cópia, é este o amado Busto
Da Régia Filha do Monarca Augusto!
Sombra do Invicto Rei, a glória é tua,
Tu deves inda ser do assento etéreo
O gênio tutelar do Luso Império.
Mas, ah!, que estala o Céu, brilhante nuvem
   Para descer se inclina,
E o mar e a Terra e os Pólos ilumina.
Eu vejo o Rei magnífico, que empunha
Uma espada de Luz: o esquerdo braço
Largo escudo sustenta, mais brilhante
Do que os raios do sol, e sobre o Busto
   Da generosa Filha,
   Firmando-se nas asas,
Desafia imortal, com peito forte,
O Tempo gastador, a Inveja, a Morte.

   CORO
   Na cópia bela
   Do bronze Augusto,
   O Régio Busto
   Vive imortal.

"Filha minha, não temas
(Assim falou o grande entre os Monarcas,
  Primeiro sem segundo,
Delícias do seu Povo, Amor do Mundo),
Não temas o favor do Tempo ingrato;
  Rege em Paz os teus Povos,
Estima os teus fiéis Americanos;
Conserva-lhes a Lei, que em flor dos anos,
  Vizinho à tua glória,
Os passos guia ao Templo da Memória;
  Deixa o resto ao meu braço,
  Que eu defender intento
Neste lugar teu Régio Monumento."

      CORO
  Na cópia bela
  Do bronze Augusto,
  O Régio Busto
  Vive imortal.

O soberbo Netuno as bravas ondas
Recolhe de assustado, e Galatéia
Na verde concha vem beijar a areia;
Esta feliz areia, estes lugares,
  Que as Focas habitaram,
E as sórdidas Harpias infamaram.
  A Risonha Amaltéia
Já com pródiga mão alegre entorna,
Entre as Graças e os cândidos Amores,
A bela Cópia de agradáveis flores,
Que a mesma Natureza providente
Quer fecundar, alegre, os teus desvelos,
Ó sábio, ó nobre, ó grande Vasconcelos.

CORO
Na cópia bela
Do bronze Augusto,
O Régio Busto
Vive imortal.

ÉCLOGA

O CANTO DOS PASTORES

À ILUSTRÍSSIMA E EXCELENTÍSSIMA SENHORA
DONA J. J. DE L. F.

Da alegre Primavera o carro de ouro
Aparece no Céu: com giro eterno
Renova a Natureza o seu tesouro,
    E o carrancudo Inverno,
Levando as negras nuvens pelos ares,
Vai noutros climas revolver os mares.

Digna filha de Heróis, que em paz e em guerra,
Dão claro exemplo às últimas idades,
Por quem lúgubre e triste, ao ver por terra
    E muros e Cidades,
Ásia tremeu, e o ferro ensangüentado
Caiu das mãos ao Malabar ousado:

Enquanto a bela Sintra ouvir deseja
De vossos doces versos a harmonia,
Que o mesmo Filho de Latona inveja, →

A rústica porfia,
Ouvi, se honrar quereis dos meus Pastores
A voz, a flauta, os versos e os amores.

ALCINDO

Que saudoso lugar! Em roda as flores
Nascem por entre a relva; estes pinheiros
Parecem suspirar também de amores.

Canta, Mirtilo, ao pé destes loureiros,
Onde Adônis cantou triste e saudoso
O injusto amor nos dias derradeiros.

O Zéfiro respira; o Sol formoso
Vai dos troncos as sombras apartando,
Que já se inclina o carro luminoso.

O Rouxinol te está desafiando:
Querem-te ouvir os verdes arvoredos,
Que o vento faz mover de quando em quando,
E a Musa que de amor sabe os segredos.

MIRTILO

A ver-se, ó Ninfas, nesta fonte pura
Vem Célia, Amor e as Graças melindrosas.
Turbai-lhe as águas desfolhando rosas;
Não lhe mostreis tão rara formosura.

ALCINDO

Risonhas flores, que um estreito laço
Formais de vossos ramos na floresta,
Sei que Glaura vos ama; pela sesta
Deixai-vos desfolhar no seu regaço.

MIRTILO

Vem, ó Célia, dos ásperos abrolhos
Verás nascer as delicadas flores;
São negros os teus olhos matadores
E os cabelos também da cor dos olhos.

ALCINDO

O riso, que é de amor doce tesouro
Consigo traz a Ninfa por quem peno.
Seus olhos são da cor do Céu sereno
E o cabelo ondeado, fios de ouro.

MIRTILO

Eu me queixava às árvores e às fontes
Do ingrato Amor: mas Célia que me ouvia
Por mim despreza desde aquele dia
O mais rico Pastor dos nossos montes.

ALCINDO

O primeiro fui eu que o vivo lume
No teu peito acendi: por seus ardores
Tu, Glaura, sabes o que são amores,
Mas eu inda não sei o que é ciúme.

MIRTILO

Assombrai, verdes murtas, os lugares
Que escolhe Célia pelo ardor da sesta.
Amarei outro bosque, outra floresta,
Se aqui tem meu amor os seus altares?

ALCINDO

Glaura não colhe os sazonados frutos;
As flores sim, as flores mais mimosas;
Crescei, jasmins, crescei, lírios e rosas,
Pagai a meu Amor os seus tributos!

MIRTILO

Neste lugar achei Célia dormindo,
O meu nome escrevi na sua lira:
Aparto-me, ela acorda, lê, suspira,
E eu suspiro também de a estar ouvindo.

ALCINDO

Amou-me Lídia um tempo: os seus amores
Ela mesma entalhou num cedro antigo;
Glaura os vinha apagar; mas deu comigo
E um casto pejo a fez mudar de cores.

MIRTILO

Numa gruta assombrada de rochedos
A Célia dava os meus suspiros tristes
Troncos, arbustos e ecos que me ouvistes,
Ninguém saiba de vós os meus segredos.

ALCINDO

Cheio de mágoa e dor, num bosque espesso
Dei ao fresco Favônio os meus suspiros.
Ninfas, vós que habitais estes retiros,
Dizei à bela Glaura o que eu padeço.

MIRTILO

Ligou-me Célia com festões de flores,
E escondeu por um pouco o lindo rosto.
Pude romper os laços; mas por gosto
Fiquei da sua mão preso de amores.

ALCINDO

Não sei por que delito me condena
Amor lançando-me os grilhões pesados,
E, rindo-se depois de meus cuidados,
Para ouvir os meus ais, me dobra a pena.

MIRTILO

Amor, faze que o tempo ao dar seus giros
Não roube a Célia as graças singulares;
Que eu levarei contente aos teus altares
Minhas mágoas, meus ais e os meus suspiros.

ALCINDO

Embora, Glaura, um dia a desventura
Consuma a viva cor do teu semblante;
Amo o teu coração, fiel, constante,
Que vale mais que toda a formosura.

EPÍSTOLAS

AO SEMPRE AUGUSTO E FIDELÍSSIMO REI DE PORTUGAL D. JOSÉ I NOSSO SENHOR

No dia da colação da sua estátua eqüestre

> Quo nihil maius, meliusve terris
> Fata donavere, bonique Divi,
> Nec dabunt, qnamvis redeant in aurum
>   Tempora priscum.
> HORAT., Lib. 4, Od. II, v. 37.

Grão rei, vossas ações crescem de dia em dia,
E dos nossos desejos excedem à porfia.
Por entre mil e mil da pátria o zelo, o amor
Vacila, e não decide qual delas é maior.
Se vós fosseis um rei flagelo dos seus povos,
Que em novas crueldades fizesse os dias novos,
Poderia a lisonja fácil em seus louvores
Vestir pequenas coisas coas mais brilhantes
                              [cores;
Mas as vossas virtudes grandes por toda a parte →

Aparecem mais belas sem os adornos da arte;
E a sua clara luz, que tanto o mundo admira,
Me faz hoje das mãos cair o plectro e a lira.
Se a cândida verdade não sofre algum desar,
E junto ao vosso trono tem posto o seu altar;
Quem poderá, cantando mil feitos singulares,
Meter em breve concha toda a extensão dos
[mares?
Fale a nova Lisboa, que alegre e majestosa
Renasce e cresce à sombra da mão que a faz
[ditosa.
Se das fatais ruínas conserva inda a memória,
É por dobrar as causas à sua imensa glória.
Da formidável hidra as serpes enroscadas
Feliz Europa viu dum golpe decepadas,
E em vão ainda o corpo, que a negra morte
[abrange,
Brota frouxas cabeças, que talha hercúleo
[alfange.
Eu ouço ao longe as armas, que vão por várias
[partes
Soltando a estranhos ares os lusos estandartes.
Trema de novo o Indo ao ver das suas praias
O raio abrasador sobre nadantes faias:
O Guaporé[11] selvagem, não visto em seus
[rochedos,
Mostre de mil campanhas incógnitos segredos;
E enquanto entre tesouros saudosa, pátria minha,
Vens adorar no Tejo dos mares a rainha,
O Paraguai... mas não: ser rico e poderoso, →

---

11. Rio que perde o nome no Grão-Pará.

Vencer e conquistar não faz um rei ditoso.
Mandar sobre as cidades horror, morte e trovões,
Bem podem Albuquerques, Turenas, Cipiões:
Dar justas leis aos povos, unir com firme laço
Paz, abundância, amor: à custa de seu braço
Ver notar os seus dias por época feliz,
É só para José ou César ou Luís.
Mondego esclarecido, não temas neste dia
Soltar a doce voz de amor e de alegria.
Tuas fecundas margens secas e estéreis viste,
E as grutas te esconderam desconsolado e triste;
Mas hoje as belas ninfas de flores e de frutos
Ao magnânimo rei já levaram tributos:
Prodiga os seus tesouros, e os sábios felicita
Real, augusta mão, que as artes ressuscita.
Elas já se levantam do escuro abatimento
Para voar ao cume da glória e luzimento,
E os louros imortais nos bem fundados muros
Dirão quem os plantou aos séculos futuros.

Já no lugar das uvas ondeiam as searas:
O lavrador contente das terras pouco avaras
Recolhendo o tributo, de espigas se coroa,
E estes hinos por vós cos filhos seus entoa:
"Ó rei digno de o ser! primeiro sem segundo!
Possam por vós formar-se todos os reis do
                                  [mundo!
O céu, que vos protege, por nos fazer ditosos,
Alongue vossos dias, ó dias preciosos!"

O pirata africano, que a lua traz na frente,
Deseja e firma a paz coa lusitana gente.
Ao bárbaro enamoram tão raras maravilhas, →

Que das vossas virtudes são as ilustres filhas.
As líbicas campanhas sem susto, nem receio
A abundância derramam, abrindo o vasto seio.
Netuno, que se alegra ao tremular das quinas,
Já não geme Netuno co peso das rapinas,
Por vós o vulgo inerte se faz industrioso,
E vê de seus trabalhos o fruto venturoso.
Triunfante a justiça do céu ao mundo torna,
E os pacíficos dons cheias as mãos entorna:
A feliz inocência respira em doce abrigo:
Os tiranos do povo não ficam sem castigo,
As virtudes se adoram, desterram-se os abusos
Dos séculos grosseiros mal-entendidos usos.
Fanatismo, ignorância, feroz barbaridade
Caíram, como a sombra, que foge à claridade.
Ditoso Portugal, que em tão florente estado
Repetes com ternura do rei o nome amado!
Ó grande pai da pátria! mostrou-se o céu adverso
Por vos fazer maior aos olhos do universo.
Que eu não possa aos impulsos do zelo que
[me inflama,
Acompanhar os vôos da vossa ilustre fama!
Ó musas, onde estais? o gênio em vão suspira:
Ou dai-me novo alento, ou quebro a ingrata lira.
Mas enquanto ocupadas do bronze, que
[animastes,
Teceis murtas e palmas e louros que plantastes,
Na adusta mão vos traz desconhecidas flores
O gênio, a quem adornam penas de várias cores.
O ouro, os diamantes arroja, que só preza
A fé devida ao rei, e os dons da natureza.
Levai, levai ao trono a pura lealdade →

D'almas, que não conhecem orgulho, nem
[vaidade.
E entre o imenso prazer, que os corações oprime,
Que pelo mudo pranto enérgico se exprime,
Erguei aos céus a estátua: gravai-lhe aos pés
[Lisboa,
Os monstros debelados, o atlante da coroa:
Gravai quantas virtudes formam um rei
[perfeito,
Ó ilustre cinzel, que tens o prêmio justo,
Quando esculpes no bronze dos reis o mais
[augusto!
Machado[12] e Girardon[13] serão nomes iguais;
Pois tu não foste menos, nem seu herói foi mais.
Mas também os meus versos o tempo não
[consome,
Porque respeita neles, grão rei, o vosso nome.
Se o meu pincel sincero vos pode retratar,
Não tenho que temer, não tenho que esperar.
Da meônia carreira toco a difícil meta,
O amor da vossa glória foi quem me fez poeta.

---

12. Joaquim Machado de Castro, escultor português, autor da estátua eqüestre.
13. Célebre estatuário de Luiz XIV.

A TERMINDO SIPÍLIO
ÁRCADE ROMANO

A BASÍLIO DA GAMA

Gênio fecundo e raro, que com polidos versos
A natureza pintas em quadros mil diversos:
Que sabes agradar, e ensinas por seu turno
A língua, que convém ao trágico coturno:
Teu Pégaso não voa furioso e desbocado
A lançar-se das nuvens no mar precipitado,
Nem pisa humilde o pó; mas por um nobre meio
Sente a dourada espora, conhece a mão e o freio:
Tu sabes evitar se um tronco, ou jaspe animas
Do sombrio Espanhol os góticos enigmas,
Que inda entre nós abortam alentos dissolutos,
Verdes indignações, escândalos corruptos.
Tu revolves e excitas, conforme as ocasiões,
Do humano coração a origem das paixões.

Quem vê girar a serpe da irmã no casto seio,
Pasma, e de ira e temor ao mesmo tempo cheio →

Resolve, espera, teme, vacila, gela e cora,
Consulta o seu amor e o seu dever ignora.
Voa a farpada seta da mão, que não se engana:
Mas ai, que já não vives, ó mísera Indiana!
Usarás Catulo na morte de quem amas
D'alambicadas frases e agudos epigramas?
Ou dirás como é crível, que em mágoa tão
                              [sentida
Os eixos permaneçam da fábrica luzida?

Da simples natureza guardemos sempre as leis.
Para mover-me ao pranto convém que vós
                                  [choreis.
Quem estuda o que diz, na pena não se iguala
Ao que de mágoa e dor geme, suspira e cala.
Tu sabes os empregos que uma alma nobre
                              [busca,
E aqueles que são dignos do mandrião Patusca,
Que alegre em boa paz, corado e bem-disposto,
Insensível a tudo não muda a cor do rosto:
Nem se esquece entre sustos, gemidos e
                              [desmaios
Do vinho, do presunto, dos saborosos paios.
Tu espalhando as flores a tempo e em seu lugar,
Deixas ver toda a luz sem a querer mostrar.

Indiscreta vanglória aquela, que me obriga
Por teima de rimar a que em meu verso diga
Quanto vi, quanto sei, e ainda é necessário
Mil vezes folhear um grosso dicionário.
Se a minha musa estéril não vem sendo chamada,
Debalde é trabalhar, pois não virá forçada.
Se eu vou falar de jogos, só por dizer florais, →

Maratônios, circenses, píticos, jovenais,
O crítico inflexível ao ver esta arrogância
Conhece-me a pobreza, e ri-se da abundância.
Quem cego d'amor-próprio colérico s'acende,
E monstruosos partos porque são seus defende,
Sua, braceja, grita, e já depois de rouco
Abre uma grande boca para mostrar que é louco:
Forma imagens de fumo, fantásticas pinturas,
E sonhando cas musas em raras aventuras
Vai ao Pindo num salto de lira e de coroa:
Nascem-lhe as curtas penas, e novo cisne voa:
Igual ao cavaleiro, que a grossa lança enresta,
Co elmo de Mambrino sobre a enrugada testa,
Vai à região do fogo num banco escarranchado,
Donde traz os bigodes e o pêlo chamuscado.

Se cheio de si mesmo por um capricho vão
Tem por desdouro o ir por onde os outros vão,
É co dedo apontado famoso delirante,
Que por buscar o belo, caiu no extravagante:
Bem como o passageiro, que néscio e presumido
Quis trilhar por seu gosto o atalho não sabido,
Perdeu-se, deu mil giros, andou o dia inteiro,
E foi cair de noite em sórdido atoleiro.
Eu aborreço a plebe dos magros rimadores,
De insípidos poemas estúpidos autores,
Que frenéticos suam sem gosto, nem proveito,
Amontoando frases a torto e a direito:
Vem o louro Mondego por entre as ninfas belas,
Que de flores enlaçam grinaldas e capelas:
Surgem do verde seio da escuma crespa e alva,
Do velho Douro as cãs, do sacro Tejo a calva.
Escondei-vos das ondas no leito cristalino, →

E saí menos vezes do reino netunino:
O que se fez vulgar perdeu a estimação:
E algum rapaz travesso os pode alçando a mão
Cobrir d'areia e lama, porque sirvais de riso
À turba petulante da gente inda sem siso.
Se fala um deus marinho, e vem a borbotões
Ameijoas e perseves, ostras e berbigões;
Se os lânguidos sonetos manquejam encostados
Às flautas, aos surrões, pelicos e cajados:
Minha musa em furor o peito me enche d'ira
E o negro fel derrama nos versos, que me inspira.

Autor, que por acaso fizeste um terno idílio,
Não te julgues por isso Teócrito ou Virgílio:
Não creias no louvor de um verso que recitas,
Teme a funesta sorte dos Meliseus e Quitas:
Que muitos aplaudiram quinhentos mil defeitos
Nos papéis, que hoje embrulham adubos e
                              [confeitos.
Se o casquilho ignorante, com voz enternecida,
Repete os teus sonetos à dama presumida,
Por mais que ela te aclame bravíssimo poeta,
Da espinhosa carreira não tens tocado a meta:
Pois tarde, e muito tarde, por um favor divino
Nasce por entre nós quem de coroa é digno.
Quem sobe mal seguro, tem gosto de cair,
E a nossa idade é fértil de assuntos para rir.
Equívocos malvados, frívolos trocadilhos,
Vós do péssimo gosto os mais prezados filhos,
Deixai ao gênio luso desempedida a estrada,
Ou Boileau contra vós torne a empunhar a
                              [espada.
Mas onde, meu Termindo, onde me leva o zelo →

Do bom gosto nascente? O novo, o grande, o
[belo
Respire em tuas obras, enquanto eu fito a vista
No rimador grosseiro, no mísero copista,
Tântalo desgraçado, faminto de louvor,
Que em vão mendiga aplausos do vulgo
[adorador.

Do trono régio, augusto, benigno um astro brilha
Entre esperança, amor, respeito e maravilha;
E à clara luz, que nasce do espectro e da coroa,
Grande se mostra ao mundo, nova, imortal
[Lisboa:
Se ela o terror levou nas voadoras faias
Por incógnitos mares a nunca vistas praias,
Se entre nuvens de setas ao meio das alfanges
Foi arrancar as palmas, que ainda chora o Ganges,
Da paz no amável seio, à sombra dos seus louros
Hoje aplana os caminhos aos séculos vindouros:
A glória da nação se eleva e se assegura
Nas letras, no comércio, nas armas, na cultura.
Nascem as artes belas, e o raio da verdade
Derrama sobre nós a sua claridade.
Vai tudo a florescer, e porque o povo estude
Renasce nos teatros a escola da virtude.

Consulta, amigo, o gênio, que mais em ti domine:
Tu podes ser Molière, tu podes ser Racine.
Marqueses tem Lisboa, se cardeais, Paris.
José pode fazer mais do que fez Luiz.

HERÓIDE

TESEU A ARIADNA

Inconstante Ariadna ambiciosa,
Que, por cobrir a feia aleivosia,
Depois de ser perjura és a queixosa:

Essas ásperas queixas, que m'envia
Teu falso coração, formosa ingrata,
Já não são como as queixas d'algum dia.

Tudo a fiel memória me retrata.
Fui a tua esperança, o teu conforto:
Agora sou o roubador, pirata.

Quisera o céu que me chorassem morto
(Por não sentir as penas que hoje sinto)
Antes de ver da infausta Creta o porto.

Achei de sangue humano farto e tinto
Homem e touro o monstro, que espalhava
Morte e terror no cego labirinto.

Vi lançar-se da torre, que habitava,
O artífice engenhoso; e como aos ares
Sobre as asas de cera se entregava.

Filho infeliz, que deste o nome aos mares,
Quanto inveja Teseu a tua sorte,
Depois de ter chegado aos pátrios lares!

Temeste (eu não o nego) a minha morte,
Mudável Ariadna! o laço estreito
De um novo e puro amor julguei mais forte.

Da tua bela mão o fio aceito,
Que me serve de guia: encontro e luto
Co formidável monstro peito a peito.

Livrei a pátria do fatal tributo;
Mas o prêmio maior desta vitória
Era gozar do nosso amor o fruto.

Que breve, ó deuses, foi a minha glória!
Já sobre a nau cecrópida nos vemos,
E eu me julgo feliz, doce memória!

Reina a calma no mar; e nós perdemos
De vista a Creta: geme felizmente
E escuma o sal batido por cem remos.

Quatro vezes da noite descontente
Rasgou a branca Aurora o véu sombrio,
Abrindo as áureas portas do Oriente.

Quando vimos o bosque e a foz do rio
Alegre e sossegado; os marinheiros
Conheceram de longe a verde Quio.

Pisamos logo os montes e os outeiros,
Oferecendo aos deuses tutelares
Uma branca novilha e dois cordeiros.

No bosque inda fumavam os altares:
Tu dormias: as nuvens se amontoam,
E principiam a engrossar-se os mares.

Corro a firmar as âncoras: já soam
Das ondas os rochedos açoitados,
E os ventos e os trovões o mundo atroam,

Faltou a amarra; a meu pesar os fados,
Que tristíssimos fados! me levaram
Coas negras tempestades conjurados.

Sabe o céu que fadigas me custaram
Então as tuas lágrimas e penas,
Que as minhas cá de longe acompanharam.

Sem leme já, sem mastro e sem antenas,
Vão ludíbrio dos mares e dos ventos,
As tristes praias avistei de Atenas.

Ariadna ocupou meus pensamentos:
Meu coração a teve sempre à vista
Para mais avivar os meus tormentos.

Que fruto logras de uma tal conquista,
Teseu amante, filho sem ventura?
Quem haverá que a tanta dor resista!

O velho Egeu, que os imortais conjura
Por ver alegre o fim dos meus perigos,
Teve no mar funesta sepultura.

Entre aplausos da pátria e dos amigos
O triste coração suspira e sente
O puro amor e seus farpões antigos.

Para dar-te um novo reino impaciente,
Espero que depondo furor tanto,
Netuno aplane as águas co tridente.

Duas naus tenho prontas; mas entanto
Espalha a fama por diversas partes,
Que o moço Baco te enxugara o pranto.

Que ambiciosa ao ver os estandartes
Do alegre Indiano, e seus cabelos louros,
Fácil com ele o meu amor repartes.

Se reino ou fama ou glória entre os vindouros
Busca a tua ambição num ser divino,
Eu sou Teseu, Atenas tem tesouros.

Egeu saiu do reino netunino:
Na fatídica nau aventureiro
Eu vi o rosto irado ao Ponto Euxino.

Não foi Jason, nem Hércules primeiro
Combater cos dragões... tu suspiraste,
Vendo encher o meu nome o mundo inteiro.

Inda me lembra o dia que apertaste
Co a minha a tua mão: dos nossos laços
Por testemunha o mesmo céu chamaste.

Tu não viste correr longos espaços,
Que desculpam o frio esquecimento;
E chego a ver-te alheia, noutros braços

É esta a fé devida a juramento?
Responde, ingrata, desleal, mais dura
Do que a rocha e mais vária do que o vento.

Saiam do seio da lagoa escura,
Que o mesmo Jove de ofender receia,
Negras fúrias, que o meu temor conjura.

Empunhe a ingrata o tirso, e sobre a areia
Duma praia deserta os tigres dome,
Com que o seu novo amante se recreia.

Contanto que o amor, que me consome,
Em ódio se converta... ah que eu deliro
E não posso esquecer-me do seu nome!

Ventos, que me obrigastes ao retiro,
Levai minha terníssima saudade;
Conheça embora a ingrata que eu suspiro.

Possam servir de exemplo em toda a idade
Os nossos nomes, despertando a história
Do meu amor, da tua variedade.

Sirva este meu tormento à tua glória:
Pague eu embora a culpa do meu fado
E roube-me das mãos outro a vitória.

Porque não fui do monstro devorado!
A minha desventura me guardava,
Porque fosse depois mais desgraçado.

Frondosos arvoredos, onde estava
Ariadna cruel, quando dormia,
E a meu pesar a onda me levava:

Vós, amarelas flores; tu sombria,
Musgosa gruta, onde a infiel descansa;
Mostrai-lhe a minha imagem noite e dia:

Eu era o seu amor, sua esperança,
O último... o primeiro... oh céus! perjura!
Quanto me custa esta cruel lembrança!

Não há mais que esperar da sorte dura!
Voai, remorsos, a vingar-me: ao menos
Rodeai-a no seio da ventura:
E turbai os seus dias mais serenos.

IDÍLIOS

O TEMPLO DE NETUNO

Adeus, Termindo, adeus, augustos lares
Da formosa Lisboa; o leve pinho
Já solta a branca vela aos frescos ares.

Amor, o puro Amor do pátrio ninho
Há muito que me acena e roga ao fado
Que eu sulque o campo azul do deus marinho.

Eis a Nau que já dum, já doutro lado
Se deita e se levanta; foge a Terra,
E me foges também, Termindo amado.

Da alegre Sintra a desejada Serra
Mal aparece, e o vale, que ditoso
De Lísia e Jônia a voz e a lira encerra.

Ainda me parece que saudoso
Te vejo estar da praia derradeira,
Cansando a vista pelo mar undoso.

Já não distingues a Real bandeira
Despregada da popa, que voando
Deixa no mar inquieto larga esteira.

Sei que te hão de assustar de quando em quando
O Vento, os vários climas e o perigo
De quem tão longos mares vai cortando.

O lenho voador leva consigo
E te arranca dos braços num só dia
O suspirado Irmão e o caro Amigo.

Rijo Norte nas cordas assobia:
Quatro vezes do Sol os raios puros
Voltaram e só mar e Céu se via.

Quando a estéril Selvage[14] os verde-escuros
Ombros ergueu do sal, que se quebrava
Nas nuas pontas dos rochedos duros.

Eu vi Tritão mancebo, que animava
O retorcido búzio, e diligente
De todo o mar a Corte se ajuntava.

Bate as asas um Gênio, e vem contente,
Numa mão a Coroa, noutra a taça,
Deu-me do néctar, e cingiu-me a frente.

Termindo, pois de Febo a mão escassa
Nega seus dons aos rudes e aos profanos,
Guarda meus versos dessa tosca raça.

---

14. Ilha deserta não mui distante da Madeira.

Embora os leiam peitos sobre-humanos,
Que no cume do monte bipartido
Das santas Nusas viram os arcanos.

Entrei no Templo de cristal polido,
Do grão Netuno amplíssima morada,
E o vi num trono de safira erguido.

De fronte está de ninfas rodeada
A branca Thetis: as enormes Focas,
E os amantes Delfins guardam a entrada.

Os grandes Rios, que por largas bocas
Entram no vasto mar com fama e glória,
Coas urnas vêm desde as nativas rocas.

Vejo a Paz, a Fortuna e a Vitória,
O Deus da Arcádia, o Inventor da Lira,
Vênus, Amor e as Filhas da Memória.

Príncipe amado, por ti suave gira
Nas cordas d'ouro o delicado plectro
Apolo o move, e Clio assim respira.
Em alto nupcial, festivo metro:

"Do lúcido Titã a bela Esposa,
De cor-de-rosa o áureo coche adorna:
E alegre torna a nos mostrar seu rosto,
Cheio de glória, de prazer e gosto.

"As brancas asas sobre o novo leito
Aos Céus aceito o casto amor estende,
A pira acende, e inda estreitar procura
O mais ditoso laço, a fé mais pura.

"Concórdia, tu que tens de amor a chave,
Prisão suave tu lhe tens tecida,
De quantos Ida em margens deleitosas
Cria intactos jasmins e frescas rosas.

"Pérsico ornato a fértil Cópia ajunta;
E de Amatunta a Deusa delicada
Vem rodeado dos Cupidos belos,
Uns voam, outros lhe pendem dos cabelos.

"Casta Lucina, o teu formoso aspecto
Com doce afecto inclina e nos dê prova;
A prole nova que é de amor tributo;
E seja de tais ramos digno fruto;

"Se fundaram por séculos inteiros,
A vós guerreiros, de Lisboa os muros,
Netos futuros, entre glória imensa,
Nascei; é vossa a justa recompensa.

"Cercam o Trono a cândida Verdade,
E em tenra idade a rara Fé Nobreza,
Graça, Beleza, e quanto o Céu fecundo
Por honra da Virtude envia ao Mundo.

"O Júbilo nos Povos se derrama,
Alegre a Fama vai de Agouros cheia,
E a Nuvem feia, que a tristeza envolve,
Espalha o vento, e em átomos dissolve!

"Do grande Avô o Espírito disperso
Pelo universo voa; aos seus vindouros
Prepara os louros, vejo a murta e as palmas,
Dignas coroas de tão grandes almas.

"Possa da Augusta Filha o forte braço
Por longo espaço sustentar o escudo,
Que ampara tudo o que seu reino encerra;
E encher de Astros o Céu, de Heróis a Terra."

Cantou a Musa, e sobre todos chove
Celeste ambrósia: alado Mensageiro
Leva as notícias ao Supremo Jove.

Ouviu então do Mar o Reino inteiro
A fatídica voz e o nobre canto
De Proteu, que os futuros viu primeiro.

Cantava como ainda... mas o espanto
Dos olhos me roubou tudo o que eu via;
Que os tímidos mortais não podem tanto.

Cheia de limo e de ostras, dividia
A já cansada proa os mares grossos,
Até que amanheceu o novo dia.

Se enfim respiro os puros climas nossos
No teu seio fecundo, ó Pátria amada,
Em paz descansem os meus frios ossos.

Vive, Termindo, e na inconstante estrada
Pisa a cerviz da indômita Fortuna,
Tendo a volúvel roda encadeada
Aos pés do Trono em sólida coluna.

A GRUTA AMERICANA

A TERMINDO SIPÍLIO

Num vale estreito, o pátrio Rio desce
D'altíssimos rochedos despenhado
Com ruído, que as Feras ensurdece.

Aqui na vasta gruta sossegado
O velho Pai das Ninfas tutelares
Vi sobre Urna musgosa recostado

Pedaços d'ouro bruto nos altares
Nascem por entre as pedras preciosas,
Que o Céu quis derramar nestes lugares.

Os braços dão as árvores frondosas
Em curvo anfiteatro onde respiram
No ardor da sesta as dríades formosas.

Os Faunos petulantes, que deliram,
Chorando o ingrato amor que os atormenta,
De tronco em tronco nestes bosques giram.

Mas que soberbo Carro se apresenta!
Tigres e Antas, fortíssima Amazona
Rege do alto lugar em que se assenta.

Prostrado aos pés da intrépida matrona,
Verde escamoso Jacaré se humilha,
Anfíbio habitador da ardente Zona.

Quem és, do claro Céu ínclita filha?
Vistosas penas de diversas cores
Vestem e adornam tanta maravilha.

Nova grinalda os Gênios e os Amores
Lhe oferecem e espalham sobre a terra.
Rubins, safiras, pérolas e flores.

Juntam-se as Ninfas que este vale encerra
A deusa acena e fala: o monstro enorme
Sobre as mãos se levanta, a áspera Serra
Escuta, o Rio pára, o Vento dorme:

"Brilhante nuvem d'ouro,
Realçada de branco, azul e verde,
 Núncia de fausto agouro,
Veloz sobe, e da terra a vista perde;
Levando vencedor dos mortais danos
O grande rei José dentre os humanos.

"Quando ao tartáreo açoite
Gemem as portas do profundo Averno;
 Igual à espessa Noite
Voa a infausta Discórdia ao ar superno;
E sobre a Lusa América se avança,
Cercada do Terror, Ira e Vingança;

"Eis a Guerra terrível,
Que abala, atemoriza e turba os Povos,
 Erguendo escudo horrível,
Mostra Esfinge e Medusa e monstros novos;
Arma de curvo ferro o iníquo braço:
Tem o rosto de bronze, o peito d'aço.

"Pálida, surda e forte,
Com vagaroso passo vem soberba
 A descarnada Morte,
Coa misérrima e triste Fome acerba,
E a negra Peste, que o fatal veneno
Exala ao longe, e ofusca o ar sereno.

"Ruge o Leão Ibero
Desde Europa troando aos nossos Mares,
 Tal o feroz Cerbero
Latindo assusta o reino dos pesares
E as vagas sombras no trifauce grito
Deixam medrosas o voraz Cocito.

"Os montes escalvados,
Do vasto mar eternas atalaias,
 Vacilam assustados
Ao ver tanto inimigo em nossas praias;
E o pó sulfúreo, que no bronze soa,
O Céu e a Terra e o mar e o Abismo atroa.

"Os ecos pavorosos
Ouviste, ó Terra aurífera e fecunda;
    E os peitos generosos,
Que no seio da Paz a Glória inunda,
Armados correm duma e doutra parte
Ao som primeiro do terrível Marte.

"A hirsuta Mantiqueira,
Que os longos campos abraçar presume,
    Viu pela vez primeira
Arvoradas as Quinas no alto cume;
E marchar as esquadras homicidas
À rouca voz das caixas nunca ouvidas.

"Mas, Rainha Augusta,
Digna filha do Rei justo e piedoso,
    Respiro, e não me assusta
O estrépito e tumulto belicoso,
Que tu lanças por terra num só dia
A Discórdia, que os Povos oprimia.

"As hórridas falanges
Já não vivem de estrago e de ruína;
    Deixam lanças e alfanjes;
E o elmo triplicado e a malha fina:
Para lavrar a terra, o ferro torna
Ao vivo fogo e à rígida bigorna.

"Já caem sobre os montes
Fecundas gotas de celeste orvalho:
    Mostram-se os horizontes;
Produz a terra os frutos sem trabalho;
E as nuas Graças, e os Cupidos ternos
Cantam à doce Paz hinos eternos.

"Ide, sinceros votos,
Ide, e levai ao Trono Lusitano
    Destes climas remotos,
Que habita o forte e adusto Americano,
A pura Gratidão e a lealdade,
O Amor, o Sangue e a Própria Liberdade."

Assim falou a América ditosa;
E os mosqueados Tigres num momento
Me roubaram a Cena majestosa.

Ai Termindo! rebelde o instrumento
Não corresponde à mão, que já com glória
O fez subir ao estrelado acento.

Sabes do triste Alcindo a longa história;
Não cuides que os meus dias se serenam:
Tu me guiaste ao templo da Memória,
Torna-me às Musas, que de lá me acenam.

ODES

À MOCIDADE PORTUGUESA

    A fastosa indolência,
Tarda preguiça, e mole ociosidade,
    Tiveste por ciência,
Infeliz lusitana mocidade;
Viste passar, caindo de erro em erro,
Bárbaros dias, séculos de ferro.

    Parece não tocada
A areia, que já foi por tantas vezes
    Com o suor regada
Dos sábios, dos antigos Portugueses,
Que em prêmio das fadigas alcançaram
Os verdes louros de que a frente ornaram.

    Longe de seus altares
Jaz a deusa – que horror! – posta em desprezo.
    Cobre de sombra os ares
Deus do trovão; um raio d'ira aceso
Vingue a filha do céu. Os mundos tremem,
O sol desmaia, o vento e os mares gemem.

A face descorada
No manto azul coa própria mão esconde,
   Por não ver coroada
A ignorância, qu'insulta e que responde,
Que em seus anais escreve por façanha
Ter subjugado a generosa Espanha.

   Mas ela vê por terra
Todo o seu culto a cinzas reduzido.
   Faz-lhe improvisa guerra
Raio consumidor do céu caído;
Nem há portas de bronze, ou muros d'aço,
Tudo cede ao poder do augusto braço.

   Aos cegos Africanos
Voa a superstição buscando asilo.
   Fanáticos enganos,
Tornai às margens do encantado Nilo,
E o negro monstro, que se expõem sereno
Ao ferro, ao fogo, ao laço e ao veneno.

   A pérfida impostura
Nem sempre há de reinar; um claro dia
   Aparta a névoa escura
Do teu templo, imortal sabedoria:
Gemem das áureas portas os ferrolhos,
E a desusada luz ofende os olhos.

   Aquela mão robusta,
Dos hercúleos trabalhos não cansada,
   Não treme, não se assusta
Quando te leva aos astros, adornada
Do nativo esplendor e majestade,
Qual já te viu de Roma a bela idade.

Assim depois que dura
Séculos mil essa ave portentosa,
   Da mesma sepultura
Ressuscita mais bela e mais formosa,
Para admirar de nova glória cheia
Os áridos desertos da Sabéia.

Ó cândida verdade,
Filha da imensa luz que o sol conserva,
   Ilustra em toda a idade
Este sagrado templo de Minerva.
Digna-te ser, pois vens do assento etéreo,
A deusa tutelar do nosso império.

E vós, ou vos criasse
A nobre Lísia no fecundo seio,
   Ou já nos convidasse
Amor das letras no regaço alheio,
Cortando os mares, desde as praias, onde
O ouro nasce e o sol o carro esconde:

Pisai cheios de gosto
Da bela glória os ásperos caminhos,
   Enquanto volta o rosto
O fraco, o inerte à vista dos espinhos,
E fazei que por vós inda se veja
O império florescente, e firme a Igreja.

Longe do fero estrago
Os pomos d'ouro colhereis sem susto;
   O sibilante drago
Caiu sem vida aos pés do trono augusto;
E inda tem sobre a testa formidável
Do grande herói a lança inevitável.

Enchei os ternos votos
Da nascente esperança portuguesa;
Por caminhos remotos
Guia a virtude ao templo da grandeza:
Ide, correi, voai, que por vós chama
O rei, a pátria, o mundo, a glória, a fama.

[LONGE, LONGE DAQUI, VULGO PROFANO]

Longe, longe daqui, vulgo profano,
Que das musas ignoras os segredos.
    Eu vi sobre rochedos,
Onde nunca tocou vestígio humano,
Alta deusa descer com fausto agouro
Em branca nuvem realçada d'ouro.

Ah! vem, formosa cândida verdade,
Nos versos meus a tua luz derrama:
    Por eles nome e fama
Terei com glória na futura idade:
Prêmio que me não rouba a mão escassa
Do tempo injusto, que voando passa.

A pérfida lisonja, pregoeira
De palmas e troféus não merecidos,
    Aos ecos repetidos
Da minha lira foge mais ligeira,
Do que cruza os limites do hemisfério
O leve fuzilar do fogo etéreo.

Levante embora os façanhosos templos
Bárbaro habitador do cego Egito,
    Onde de infame rito
Deixe aos mortais tristíssimos exemplos,
Louca vaidade e orgulho, que nutriram,
E inda agora as pirâmides respiram.

De nações, que assolou com guerra dura,
Obeliscos transporta a antiga Roma:
    Nos curvos ombros toma
O vasto peso, que elevar procura;
E a mole imensa, que o Averno oprime,
Fere coa ponta aguda o céu sublime.

De que servem à fraca humanidade
Esses de falsa glória monumentos?
    Insultados dos ventos
Estéreis passaram de idade a idade,
Qual Gelboé, que o céu não abençoa,
E só d'áridas pedras se povoa.

Tu sim, com glória ao mundo e aos céus aceito,
Te elevas, firme asilo da inocência;
    Tua magnificência
Coas virtudes se abraça em laço estreito;
Estes não são os muros onde dorme
A vã superstição e vício enorme.

Eu t'admiro qual árvore frondosa,
Que, novos frutos produzindo, cresce:
    Por ti risonha desce
Suave primavera deleitosa. →

Nem temas que te roube astro maligno
O orvalho criador do céu benigno.

Em vão gelado inverno estenda as asas
Sobre o carro de Bóreas proceloso;
    Em vão o cão raivoso
Chamas espalhe nas celestes casas:
Sempre ilesa serás, segura, eterna;
Quanto se deve à mão que nos governa!

Ó generosa mão, que não desmaias
No meio das fadigas! Ou dos montes
    Desçam as puras fontes,
Ou fuja o mar infesto às nossas praias:
Ou a peste horrorosa, magra, e escura
Ache no antigo lago a sepultura.

As artes se levantam apressadas,
E alegres, a colher a flor e o fruto:
    E as Musas por tributo,
Enlaçando coroas engraçadas,
Mandam nas asas do ligeiro vento
Hinos de paz ao claro firmamento.

Doce paz, ah! não fujas! longos anos
A guerra noutros campos homicida,
    Semeia enfurecida
Coa mão ensangüentada os mortais danos:
E entanto no seu bosque alto e sombrio
Descanse em urna d'ouro e o pátrio rio.

Mas que trovões? Que nuvem sobre os ares
Voa açoitada do soberbo Noto?
    Vem, ó sábio piloto, →

A fúria contrastar dos negros mares,
E a vencedora nau possa contente
Lançar na curva praia o férreo dente.

Se a discórdia com ecos furibundos
Sacode a negra facha acesa em ira:
　　Se o furor, que respira,
Turba os vastos confins d'ambos os mundos:
Tu abrirás no campo da vitória
Novos caminhos para nova glória.

Qual o leão feroz, que generoso,
Brando e grave, na paz encobre a fúria,
　　Mas que depois da injúria
Encrespa a grenha, e firme, e valeroso
Arrostra o inimigo, e não descansa
Sem tomar no seu sangue alta vingança:

Tal espero de ver-te, ó novo Marte,
Por entre estragos, mortes e ruínas,
　　As lusitanas quinas
Levando vencedor por toda a parte,
E igual aos teus maiores sobre a terra
Grande sempre na paz, grande na guerra.

A AFONSO DE ALBUQUERQUE

Onde, musa, me elevas inflamado?
Onde me guia teu furor divino?
Em transportes de gosto arrebatado,
    A curva lira afino.
D'África vejo ásperos lugares,
Vejo rasgados nunca vistos mares.

Ondeando as reais altas bandeiras
Vê-o o assustado Ganges, treme a terra
Co rouco som das tubas pregoeiras
    Da turbulenta guerra;
Eis que medroso ouvindo o Oriente
Treme assustado o Samorim potente.

E denso fumo envolto ardente em ira
Vomita o bronze a sibilante bala
O triste horror por toda a parte gira,
    Altos muros escala
O invicto Afonso, e os naires belicosos
Do largo ferro fogem temerosos.

Parte da negra barba retorcida
Sobre o espaçoso peito cabeludo
Lhe ondeia, com a vista enfurecida
    Erguendo o largo escudo,
No punho aperta a rutilante espada,
Ásia já mostra a face ensangüentada.

Dentre os espessos bárbaros alfanges
Vejo arrancar os louros vencedores;
Fogem cortadas tímidas falanges.
    Dentre mortais clamores,
Do guerreiro Albuquerque nome e glória
Vejo subir ao templo da memória.

Volta o grande Orfação o rosto irado,
A guerreira cidade vejo aflita
Cair sobre seu sangue derramado,
    Domada a fúria invicta,
Aos pés do vencedor obediente
O colo oferece à áspera corrente.

Mostra a terra nas costas fumegantes
Boiando em sangue corpos exulados,
Pernas e braços inda palpitantes,
    Nos mares descorados.
"Guerra! Guerra!" Já ouço em toda a parte
Bradando irado o lusitano Marte.

A tragadora chama crepitante,
Sobre as asas do fumo suspendida,
Sobe a lamber os ares vacilante,
    Mas cai enfraquecida,
Sentindo de Vulcano o duro efeito,
Volve no imundo pó o aflito peito.

Já triste sobre as cinzas assentada
No meio dos temores e agonias
Co a fria mão na face ensangüentada
    Chora os passados dias,
Ouvindo entre o rancor, o medo e o susto
Do guerreiro Albuquerque o nome augusto.

O rico Ganges forte e celebrado
Detém um pouco a túmida corrente.
Eu o vejo entre sustos descorado
    Chegar obediente.
Com vacilantes passos duvidoso,
A vencedora mão beijar medroso.

A decantada Ormuz sempre guerreira,
Goa, Pangim, Malaca belicosas
Turbadas cedem pela vez primeira
    À espada furiosa,
E sobre seus estragos e ruínas
Tremular vejo as vencedoras quinas.

Ó guerreiro Albuquerque, a vossa história,
Por mais que corra a tragadora idade,
D'África espanto, de Lusitânia glória,
    Vive na eternidade;
E o vosso nome no sagrado templo
Aos futuros heróis sirva de exemplo!

NO DIA DA INAUGURAÇÃO DA ESTÁTUA EQÜESTRE DE EL-REI NOSSO SENHOR D. JOSÉ I

    Pende do eterno louro
Nos vastos ermos da espinhosa estrada
    Suave lira de ouro,
Que do frígio cantor foi temperada.
Dá-lhe o som, corta o ramo e cinge a frente,
Ó da América inculta gênio ardente!

    Arrastando Agarenas
Luas pelos teus campos, Lusitânia,
    Qual o rei de Micenas
Sobre os vencidos muros de Dardânia,
Torna cercada de seu Povo intonso
A sombra invicta do primeiro Afonso.

    Veste dobrada malha;
Tem no robusto braço o largo escudo;
    Inda terror espalha,
Tinto do mauro sangue o ferro agudo. →

Eu ouço a tua voz, raio da Guerra,
E os teus ecos repito ao Céu à Terra:

"Ó bravos Portugueses,
Gente digna de mim! A Fama, a Glória,
   Buscada em vão mil vezes,
Vos segue sempre, e os louros e a Vitória;
Ou vós domeis dos Bárbaros a sanha,
Ou os fortes Leões da altiva Espanha.

   "Vistes, ligando as tranças
No berço ainda de Titã a Esposa;
   De escudos e de lanças
Em vão Ásia se eriça, e temerosa
Escuta o bronze, com que a negra Morte
Enche de espanto as fúrias de Mavorte.

   "Mas hoje, ousados povos,
Dai altas provas do valor antigo;
   Tendes combates novos,
Encarai os trabalhos e o perigo;
Quem as armas vos deu, quem tudo rege,
Do Céu estende a mão, e vos protege."

   Falava o belicoso
Ilustre fundador do grande Império,
   E o ferro vitorioso
Vibrando, encheu de luz todo o Hemisfério.
Já mugem as abóbadas eternas,
E os ecos se redobram nas cavernas.

   Para engolir os Montes
Gargantas abre o Mar: a Terra treme; →

Cobrem-se os horizontes
De negro fumo e pó: a Esfera geme,
E eu vi (ai justo Céu!) sobre ruínas
Desfalecer as vencedoras Quinas.

Chovem cruéis abutres,
E monstros infernais de raça anfíbia;
Quais nem, Cáucaso, nutres,
Nem vós, torradas solidões da Líbia.
Dormes, Lisboa, e nos teus braços cinges
Hidras, Quimeras, Geriões e Esfinges.

O Parricídio arvora
Triste facha no impuro Averno acesa;
Esconde o rosto e chora,
Infeliz Lealdade Portuguesa;
Mas Affonso o predisse, o Céu não tarda,
E novo Alcides a tais Monstros guarda.

Aos séculos futuros,
Intrépido Marquês, sirvam de exemplo
Vossos trabalhos duros,
Longos, incríveis, que da Fama o Templo
Tem por estranho e glorioso ornato,
Onde não chega a mão do tempo ingrato.

Essa em crimes famosa
Árvore, que engrossando o tronco eterno,
Já feria orgulhosa
Coa rama o Céu e coa raiz o Inferno,
Ao ver a Mão, que aceso o raio encerra,
Murcha, vacila, pende e cai por terra.

Fogem do roto seio
·Guerra, Morte, Traição, Ódio, Impiedade:
   O sol teve receio
De ver o rosto a tanta atrocidade,
Caiu enfim e ouviu-se o estrondo fero
Desde o Cítico Tauro ao Caspe Ibero.

Longe nuvens escuras
Arrogem sobre os mares os coriscos:
   Deixem subir seguras
Altas torres, soberbos obeliscos,
Donde a nova Lisboa ao Mundo canta
A mão robusta e firme, que a levanta.

Vapores empestados
Derramam noutros climas o veneno;
   Sobre os risonhos prados
Respira alegre o Zéfiro sereno;
Abre a Paz os tesouros de Amaltéia,
Tornam os tempos de Saturno e Réia.

Ó marmórea Lisboa,
Nova Roma, que adoras novo Augusto!
   Feliz a Pátria entoa
O magnânimo Pai, e Pio, o Justo,
E sua imagem vai cheia de louros
Inspirar glória aos últimos vindouros.

Ó Bronze, ó Rei, ó Nome,
Esperança e amor do Mundo inteiro!
   Do tempo a voraz fome
Respeita a Estátua de José Primeiro:
Que não deu menos honra ao Luso Sólio,
Que as delícias de Roma ao Capitólio.

Pode o volver dos anos
Mudar a face à Terra, ao Mar o leito:
　　Isento de seus danos
José, o Grande, irá de peito em peito.
Outro Tito quebrou entre os monarcas
A foice ao Tempo e a Tesoura às Parcas.

　　Que Esparta belicosa
Veja cair seus muros; que renasça
　　Na terra generosa
Do Sibarita vil a frouxa raça;
O nome do bom Rei contra as Idades
Dura mais que as Nações e que as Cidades.

[FELIZ AQUELE A QUEM AS MUSAS DERAM]

Feliz aquele a quem as Musas deram,
Com a cítara ebúrnea, as graças belas,
    Alegres lhe teceram
    As viçosas capelas.
São seus fecundos, sólidos, tesouros
Os verdes Mirtos, os frondosos Louros.

Feliz aquele que na rude avena
Exprime o casto fogo que o devora,
    E conta quanto pena
    À formosa pastora,
Depois de lhe oferecer de lindas flores
Grinaldas em sinal de seus amores.

Feliz aquele que no ameno prado,
Já em tudo o que abrasa a redondeza,
    Contempla sem cuidado
    Os dons da Natureza;
Ali soltando a doce suavidade,
Canta das estações a variedade.

Feliz aquele que da Pátria amada
Aviva com os ecos sonorosos
    A fama sepultada
    Dos heróis valerosos;
São seus versos estátuas de seu nome,
Que o tempo, o voraz tempo, não consome.

Nestas várias pinturas embebido,
Não lhe turvam as horas apressadas
    O mar embravecido,
    As nuvens carregadas
Desses lúbricos ecos; caia a Esfera;
Ele pensa, discorre, e não se altera.

Cheio do nobre ardor d'imortal glória,
O bom caminho segue vigilante
    Das filhas da Memória
    Com risonho semblante;
Ou viva no sossego ou na mudança,
Não teme as torpes aras da vingança.

Ó sábios moradores do Mondego
Em quem o Louro Deus tanto confia,
    Aqui tendes o emprego
    Da pura melodia.
Deixai o rouco estrépito de Marte,
Que mil ações vos chamam a outra parte.

As setas que a meu peito despediram,
Nas contendas por mim abominadas,
    Todas no chão caíram,
    Torcidas e quebradas;
Porque sempre a Divina providência
Cobriu com suas asas a inocência.

Não pude sofrer mais iníqua inveja
Do teu injusto açoite a crueldade,
    E saio à peleja
    Com bem mágoa vontade;
Inda temo de tão horrendos vícios,
Quando faço à virtude os sacrifícios.

A sangüínea discórdia esconde a face,
De opróbrios e de infâmias denegrida;
    A paz sincera nasce,
    A paz apetecida;
Dia que por Alcino foste dado,
Serás em branco jaspe assinalado.

Tu, venturosa América, criaste
No silvestre regaço a Palmireno
    E no berço o dotaste
    Dum coração sereno;
Talvez pressaga que ele só podia
De entre nós debelar esta hidra impia.

QUINTILHAS

AO VICE-REI
LUÍS DE VASCONCELOS E SOUSA

No dia de seus anos

Musa, não sabes louvar
E por isso neste dia,
Entre as vozes d'alegria,
Não pretendo misturar
Tua rústica harmonia.

Tens razão, mas não escuto
Os teus argumentos belos:
Por mostrar novos desvelos
Demos o anual tributo
Ao ilustre Vasconcelos.

Vamos pois a preparar,
Que eu te darei as lições;
Folheando no Camões,
Bem podemos remendar
Odes, sonetos, canções.

Podemos fingir um sonho
Por método tal e qual,
Se o furto for natural,
Eu dele não me envergonho,
Todos furtam, bem ou mal.

Se acaso a ode te agrada,
Para aterrar teus rivais,
Tece em versos desiguais,
Crespa frase entortilhada,
Palavras sesquipedais.

Crepitantes, denodadas,
Enchem bem de um verso as linhas,
E eu me lembro que já tinhas
Noutro tempo bem guardadas,
Muitas destas palavrinhas.

Se de soneto és amante,
Seja sempre pastoril,
Que sem cajado e rabil,
O soneto mais galante
Não tem valor de ceitil.

Venha sempre o *adejar*,
Que é verbinho de que gosto,
E já me sinto disposto
Para o querer engastar
Num idílio de bom gosto.

E pois que aqui nos achamos,
Tão longe de humano trato,
Que inda o velho Peripato →

Por toda a parte encontramos,
Com respeito e aparato:

Dois trocadilhos formemos
Sobre o nome de Luiz,
Seja *Luz* ou seja *Lis*,
O epigrama feito temos,
E só lhe falta o nariz.

Acrósticos! Isso é flor
Dum engenho singular;
Quem os soubera formar,
Que certo tinha o penhor
Para a muitos agradar!

Agudíssimos poetas,
Gente bem-aventurada,
Que estudando pouco, ou nada,
Tem na cabeça essas petas,
E outra muita farfalhada!...

Mas, ó musa, o meu desgosto
É tal que já tenho pejo
De ti mesma, quando vejo
O teu ânimo indisposto
Para cumprir meu desejo.

Não tive dias bastantes... –
Basta, basta, isso é engano,
Sobeja o tempo de um ano,
E é muito seis estudantes
Para um só Quintiliano.

Sei que há nesta ocasião
Poetas, filhos e pais;
Porém sejam tais ou quais,
Cumpre tua obrigação,
Deixa cumprir os demais.

Vinte quintilhas já são,
Nos anos não se falou;
Mas à margem vendo estou,
Ler no livro da razão
"Foi omisso, não pagou."

Vê se lhe podes grudar
Uma bela madrugada,
Que muita gente barbada,
Aplaude sem lhe importar
A razão por que lhe agrada.

Feita assim a introdução,
Passemos ao elogio,
Não te escape o pátrio rio
Saindo nesta ocasião
Lá de algum lugar sombrio.

Coroado de mil flores
Venha a torto e a direito;
E se fizer um trejeito,
Clamarão logo os leitores:
"Viva, bravo, isto é bem-feito."

Coas virtudes, coas ações
Do nosso herói não te mates:
Basta que a obra dilates, →

Dividida em pelotões,
Por sonoros disparates.

Quero ver a mão robusta
D'Alcides, encaixe ou não,
E alguma comparação,
Ainda que se seja à custa
D'Aníbal ou Cipião.

Hão de vir de Jove as filhas,
Marte horrendo e furibundo,
E com saber mais profundo,
Traze as sete maravilhas,
Que ninguém achou no mundo.

Eis aqui como se ganha
O labéu de caloteiro,
Mas eu não sou o primeiro
Que tive esta boa manha,
Nem serei o derradeiro.

REDONDILHAS

[VIVE TRISTE, COM SAUDADE]

Mote

Quem tem presa a liberdade,
Não pode sentir prazer.

Glosa

Vive triste, com saudade,
Sem gozar consolação,
Traz ferido o coração,
Quem tem presa a liberdade;
É lei da humanidade
Que para feliz viver
Mui livre se deve ser;
E quem vive agrilhoado,
Em dura prisão fechado,
Não pode sentir prazer.

[NEGRAS NUVENS LONGE EXALEM]

Negras nuvens longe exalem
Morte, estrago, horror, veneno,
E entre nós sempre sereno
Seja o Céu, a terra, o mar.

Doce Paz, cândida Astréia,
Vinde honrar a Idade d'Ouro,
Pois é nosso este tesouro,
Que ninguém pode roubar.

[DIZEM QUE DE ANJO TEM O NOME]

Dizem que de Anjo tem o nome
O Capitão de um navio,
Que desde Lisboa ao Rio
Me trouxe sempre com fome.
De noite os presuntos come,
Deixa aos mais o bacalhau,
Obra bem como marau,
Tudo o mais é ser marmanjo;
Mas se tem o nome de Anjo,
Deve ser o Anjo mau.

[O NOSSO ILUSTRE NARCISO]

O nosso ilustre Narciso
Conta hoje mais um ano;
Mostra o tolo o fio ao pano,
A todos causando riso.
Na prudência e no juízo,
Anda sempre para trás;
Cada dia é mais rapaz,
Nem lhe serve isso de afronta,
Pois quantos mais anos conta,
Maiores asneiras faz.

[VALE O CAPITÃO POR MIL]

Vale o Capitão por mil
E é de mão tão apertada
Que inda leva goiabada
Da que trouxe do Brasil;
Se perdesse um só ceitil
Morreria de paixão,
Quando em outra ocasião
De desfrutar não tem pejo;
Mas se háde dar do seu queijo,
Não larga a faca da mão.

SÁTIRAS

OS VÍCIOS

> Es modus in rebus, sunt certi denique fines,
> Quos ultra citraque nequit consistere rectum.
> HORAT., Satir. Ia.

A sátira grosseira por qual caminho novo
Deixou os feios crimes, com que assustava o povo?
Baco enrolando a parra nos tempos da vindima,
De fezes tinto o rosto, ditou obscena rima:
Viu Téspis menos torpes os sátiros violentos
E da trágica cena lançou os fundamentos:
Da plebe iníqua e rude já com melhor destino
A sátira passou para o país latino,
Quando o feroz Lucílio co braço levantado
Feriu grande e pequeno cum azorrague ervado:
Tão grande liberdade foi logo reprimida,
E, sendo mais honesta, não foi menos temida,
O espelho, que não mente, mostra a Horácio,
Fez Pérsio e Juvenal tremer depois o Lácio.
Veio Régnier e veio Despreaux com artifícios, →

E fez que alguém se risse ao ver seus próprios
[vícios;
E a nossa antiga gente julgou por impiedade
Zombar dos prejuízos que reinam na cidade;
Confundindo o libelo, que as justas leis ofende,
Com a sátira urbana, que os vícios repreende:
Mas esse véu grosseiro, que as luzes encobria,
Rasgou-se e deu lugar ao mais sereno dia.

Quanto se deve à mão, que rege o cetro augusto!
Caiu a estupidez; podemos rir sem susto:
Se a querem levantar os tímidos sequazes,
Já sofre piparotes e pulhas dos rapazes.
Ânimo agora, ó musa! que as letras têm Mecenas:
Não temos que invejar de Roma, nem de Atenas,
No meio é que a virtude tem firme o seu lugar,
Quem vai pelos extremos não a deseja achar.

Triste, cansado e magro o sórdido avarento
Harpagon as moedas ajunta cento a cento:
Não fuma a chaminé, na casa reina a fome;
Quem pode adivinhar o que, e quando come.
Conta-se que uma vez por festa do Natal
Comprou dez réis de nabos: oh época fatal!
"Quebrou-se... oh dia triste, dia de graves danos!
Quebrou-se-me a panela, que tinha quarenta anos?
Oh nabos! oh desgraça! oh infeliz panela!
Que tão pouco duraste! ficou-me esta tigela."
E pondo-a sobre as brasas, rebenta; no estampido
Cobre de negras cinzas o velho espavorido,
E para maior mágoa quis o inimigo fado
Que dos carvões volantes fosse o calção tostado!
Depois de tantas perdas fez voto, e com razão, →

De nunca mais gastar nem lenha, nem carvão:
De dia conta os sacos, de noite posto à vela,
Espreita e de si mesmo receia e se acautela:
Treme ao leve ruído do vento, que sussurra:
Tem o seu deus guardado na chapada burra:
É justo o que lhe agrada, e só lhe agrada o ouro,
Que adora e que o faz pobre no meio do tesouro:
Mata a rabuge o cão, e o miserável gato
Vive, porque em descuido pilha por sorte um rato.
Que usuras descaradas! que furtos, que rapina
Achou da vil trapaça na detestável mina!
Ao triste devedor no inverno desabrido
Despe insolente as filhas, quer tudo convertido
Em ouro num leilão passado a quem der mais;
Vê sem remorso o pranto, ouve sem pena os ais:
Menos inexorável em seus caprichos cegos
Aquiles viu morrer junto das naus os Gregos.
Escravo da riqueza, misérrimo usurário,
Inda, coa morte à vista, recusa o necessário;
Um caldo de galinha restaura a natureza;
"Um caldo! há neste mundo quem faça tal
                              [despesa
Moeda despendida ou tarda ou nunca torna:
A tosse que me aflige, curo com água morna;
E para a ter à mão, achei um fácil meio,
Pois num pequeno vidro a aquento aqui no seio:
E sem carvão, nem lenha, nem outras invenções,
Dos médicos me rio nas minhas defluxões."
Harpagon, Harpagon, trôpego, triste e velho
Contempla o teu estado; eu te apresento o
                              [espelho:
Mas ah que tu desmaias ao ver-te em tal figura,
Espectro descarnado numa caverna escura. →

Já para respirar te faltam os pulmões;
Vigílias, frios, fome, cuidados e aflições,
Nos braços te lançaram da morte enfurecida:
Responde: Que ação boa fizeste em tua vida?
Que prêmio conseguiste por dias tão cansados?

"Enchi aquela burra de dobras e cruzados.
Oh que inúteis fadigas, que sórdidos trabalhos,
Para ter um capote com mais de mil retalhos!
Capote de arco-íris, gala de todo o ano,
Que nem tu mesmo sabes qual foi o antigo pano:
E o ventre que escondido nos ossos mais traseiros
Viu em longas dietas passar trinta janeiros!
E que querias tu? Que eu fosse um dos casquilhos,
Que gastam o cabedal em chitas e polvilhos;
Ou pródigo glutão, que passa o dia inteiro
Rodeado de copos, bebendo o seu dinheiro?
Que sem lançar as contas às minhas fracas rendas,
Juntasse os caçadores de ceias e merendas?
Não: essa boa gente comigo não faz vasa;
Eu gosto de banquetes, mas nunca em minha
[casa:
Os lucros vão menos, não há ganhar vintém;
E aquilo que se poupa, é só o que se tem,
Gastar em carruagem quanto ajuntaste a pé."

Por isso o novo herdeiro promete à boa-fé
Quem é este que passa vaidoso em seu caminho?
É do ávaro Harpagon o pródigo sobrinho,
Que alegre viu morrer o sórdido avarento,
De forças exaurido por falta de alimento:
Coas chaves abraçado o tio inda espirava,
Quando ele grandes coisas na idéia já formava: →

Eis um palácio erguido, bordados reposteiros,
Que por argolas correm à voz dos escudeiros:
Revestem-se as paredes de peregrinas cores,
Que sobre os ricos panos varriam os lavores:
Seges, bestas, lacaios, que têm seus apelidos,
Que imitam a seu amo, fazendo-se atrevidos.
Ao suntuoso, ao grande luxo o fasto iguala,
Os teus quadros, ó Rubens, adornam esta sala;
Nest'outra que moldura não tem cada painel,
Obra da sábia mão do ilustre Rafael!
Que falta mais? amigos, e amigos que vêm logo
Levá-lo às assembléias, ao lupanar, ao jogo.
Cheira a cozinha ao longe: três mestres ocupados
Dispõem por arte as massas, os molhos e os
[assados:
Três mestres! e são todos precisos nas funções,
Para dar os banquetes ao gosto das nações;
Que fora grão desar e ação menosprezada
Pôr ao sombrio Inglês a mesa afrancesada:
Tudo que é fino e bom aqui aos montes acho,
Como as coisas grosseiras na bodas de Camacho:
Que faz destas mulheres tão grande ajuntamento,
Que me parecem pobres à porta de um convento?
Tudo é gente vadia, que tem algum direito
De arrecadar os roubos que em casa se têm feito:
Encobrem-se uns aos outros, e furta o bolieiro,
Lacaio, comprador, mordomo e cozinheiro.
De dia e noite o cercam com mil aduladores,
Que dos seus desvarios celebram os louvores:
"Vós sois homem de bem (lhe diz, sereno o
[rosto,
Panurgo adulador), tendes juízo e gosto;
Quanto os seus belos dons convosco o céu
[reparte! →

Sois Alexandre e César, sois Hércules e Marte,
Sois Adônis, Narciso... e que hei de dizer mais?
Sois homem sem segundo, que a todos admirais:
Do vosso nome a glória, e as ínclitas ações
Celebra ao longe a fama por todas as nações."
Prossegue, e quando o vê bem cheio de vaidade,
Expõe-lhe a sua triste cruel necessidade;
E o ávido mancebo, que mais louvor deseja,
De cem dobras a bolsa magnânimo despeja,
Dobras por quem o tio, já macilento e fraco,
Quis antes ver a morte que desatar-lhe o saco.
Duvida que haja frio ou tragadora fome;
Sem peso nem medida tudo o que tem consome;
Que muita gente sabe vencer a sorte dura,
Mas perde as estribeiras no cume da ventura.
Esgotam-se os tesouros, torna ao estado antigo,
Todos o desconhecem, não acha um só amigo;
E os mesmos argonautas, por mofa e por
                                [desdouro,
Celebram a conquista do Velocino d'ouro.
Ei-lo de porta em porta; que mendigar pretende:
Que amargos frutos colhe, quem tarde se
                                [arrepende!
Infeliz! que abatido em tão adversa sorte
Até lhe faltam meios de abreviar a morte:
Uma corda deseja, mas o desejo é vão;
Porque uma corda custa metade de um tostão.
De excessos e desgostos na esquálida presença
Se ajuntam os algozes da pálida doença:
Coberto enfim de opróbrio, com fome e sem real,
Vai terminar seus dias à porta do hospital:
Lá ficam as irmãs pobres na flor da idade,
Expostas ao perigo da vil necessidade; →

E Eulípio o barregão sem fé, sem lei, sem pejo,
Soltando alegre as velas no mar do seu desejo,
Com dádivas, com rogos e ainda com violência
Coge-çofar será da mísera inocência:
E os vãos dissipadores de sua rica herança;
Tudo, e até os seus nomes, apagam da
                      [lembrança;
E se alguém se recorda da pródiga loucura,
É para as insultar na sua má ventura.
Que tristes conseqüências, que fúnebre retrato
Mostra de seus costumes o pródigo insensato!

Creonte o atrabilário compõe de sorte o rosto,
Que a todos enfastia co seu mortal desgosto;
Afeta o ser sincero, e em falta de razões
Mostra o seu desprazer no gesto e nas ações;
Encolhe o ombro às vezes, e o modo seu me
                      [ensina
Que há riso mais picante que a sátira mais fina!
Ele aborrece os homens, mas eles com cuidado
Da sua vista fogem, como de cão danado:
Sempre raivoso e fero, não tem mais grato estudo
Do que inventar os meios de pôr veneno em
                      [tudo;
Ao mesmo sexo amável dirá, franzida a testa,
Que a triste velha é bruxa, que a moça é pouco
                      [honesta:
Quem há que escape à bílis, que o seca e que
                      [o devora?
Se um canta, é porque canta; se um chora, é
                      [porque chora.
Lidoro observa os astros? Perde seu tempo em
                      [vão.

Tício estuda direito? Será grande ladrão,
Com gosto à medicina Biófilo se aplica?
Não vale contra a morte ciência, nem botica.
Nicandro faz bons versos? É leve de miolo,
Emílio não os faz? Não tem que ver, é tolo.
Tudo vos desagrada? E que dirão de vós,
Que tudo escarneceis com vosso gênio atroz?
Ainda espero ver-vos com quatro bonifrates
Reger o mundo em seco na casa dos orates;
Lá da vossa loucura dando as mais certas provas,
Veremos fecundar vossas idéias novas.

Entanto Atalafron, que em tudo acha beleza
Pretende ser distinto na graça e gentileza;
Tudo lhe causa gosto; que gênio singular!
Até se põe a rir de ver os mais chorar:
Sempre mordendo os beiços, estuda com cuidado
Um vagoroso andar, um gesto adocicado:
Conhece das pomadas o autor e os nomes vários,
Que podem bem formar dois grossos dicionários:
Polindo cada dia três vezes as fivelas,
Cuida que todo o povo só põe os olhos nelas;
Este novo Niréu busca ao entrar na igreja
Um sítio descoberto, para que o mundo o veja:
Tem gosto e para as modas dá novas eleições;
Sempre aos amigos fala, contando-lhe os botões,
Quanto ouve na assembléia, depois por seus nos
[vende
Galra depressa e muito, mas ele nada entende:
Até, quando conversa, vós o vereis em pé
Fazer passos de dança, rosnando um *triá-lé*:
Se tem de responder, primeiro entoará
O lindo retornelo *Laran-la - rá-lá - rá*. →

Tartufo Jacobeu, que destro em novas manhas,
Sabe contos de velhas, urdidos de patranhas:
Dos santos o lugar crê que não é muito alto;
Diz coas contas na mão, lá quer chegar de um
   [salto:
Devoto beija o chão, fazendo mil trejeitos;
Os olhos põe no céu, bate com força os peitos:
Mas a inveja, a soberba, a intriga e a ambição
São todas as virtudes que tem no coração:
Para qualquer maldade um destes se aparelha,
Lobo-cerval coberto coa lã da mansa ovelha:
Que vezes lhe não foi nas ímpias mãos achado
Fogo devorador ou ferro ensangüentado!
Clitandro de outra parte, moço de engenho fino
É contra Jacobeu, mas faz-se libertino:
As mais santas verdades são fábula aos seus olhos,
Quis evitar as pedras, caiu sobre os abrolhos:
Serve-se em todo o caso do lume natural;
Nem sei se ele acredita que tem alma imortal:
Mas longe o libertino, longe o devoto falso,
De riso menos digno que de ódio e cadafalso;
Para vícios opostos são vários os caminhos.
Rufilo cheira a almíscar, Gregório, a raposinhos:
Deve cheirar-nos mal, quem sempre cheira bem;
Fujamos dos extremos, tudo seus meios tem:
Mas quão poucos estimam o virtuoso meio!
De cabeças vazias o mundo está bem cheio:
Quem mais quer distinguir-se, não é quem mais
   [repousa
Pois juízo entre loucos é perigosa cousa.
Nascido na província Ergasto ainda ignora
Os afetados modos, que o vão casquilho adora:
Doma um feroz cavalo e sabe posto em terra ➔

Repulsar num ataque todo o furor da guerra:
É justo, é moderado; mas vem servir de riso,
Porque sobre o espelho não sabe ser Narciso;
"Ignoras (lhe diz um), como se toma o chá."
"Nem tem este ar de corte" (diz outro d'acolá):
Já cresce dos topetes a turba louca e infame,
A quem o bom mancebo pergunta em seu
                              [vexame:
"Aristo, o sábio Aristo, que altos heróis imita,
É Espartano forte ou fraco Sibarita?"
Eles tornam a rir, mas sem saber por quê,
E o aldeão prudente, que aflito e só se vê,
Deixa a cidade, foge do luxo e desconcerto,
Para viver honrado no seu feliz deserto.

MENTIREI OU DIREI A VERDADE

De que procede o ser Itália ou França
Mais fértil de bom gosto em seus escritos?
À terra, ao ar, aos astros influentes,
O carunchoso Físico recorre,
E a poucos passos arma um labirinto
Onde, através de *motus*, *formas* e *entes*,
Passadas muitas horas de fadiga,
Sai às apalpadelas, esgrimindo
Distinções que nem eu nem ele entende.

Atalafron, que traz amontoados
Mil textos na cabeça, afirma e prova
Com sofismas fanáticos, que a causa
Vem do Céu por castigo. Micropanto
Clama contra o amor da novidade,
Que aqui se sabe mais que em toda a parte.

Meu amado Agnoristo, eu cavo à roda
Enquanto o régio braço arranca e queima →

Estas velhas raízes, que inda brotam
Orgulhosa ignorância e má doutrina.

Certo Pintor, que mal fingia pedra,
E dava mal verdete nas janelas,
Vê prometer por um pequeno quadro
De Rafael quarenta mil escudos;
Desejoso de ter igual fortuna,
Prepara seus pincéis e suas tintas,
Desenha, risca, e tendo feito a obra
Nem ele a conhecia, e foi preciso
Pôr-lhe a letra por cima: "Isto é cavalo."

Igual mania me tornou Poeta
(Se merece este nome quem faz versos.)[15]
Mas como te não vendo estas pinturas,
Em cada uma pondo o seu letreiro,
Basta-me que te rias e conheças
O mau Poeta, o Crítico pedante,
Que um prólogo Francês tem lido apenas
E já crê ser Despreaux, sem que inda honrasse
De suas reflexões nem de seus versos
A casa do Borel; o que suspenso,
Sem respirar, fitos os olhos, pende
Da boca alheia para dar um "bravo"
Com *r* que pareça italiano
No meio duma estrofe; e entanto escuta,
Arcando pouco a pouco as sobrancelhas: →

---

15. [...] Neque enim concludere versum
 Dixeris esse satis neque, siqui scribat uti nos
 Sermoni propriora, putes hunc esse poetam.
  Horat., Lib. 1, 4.

Aquele que enganar aos mais presume.
Aqui pilha um soneto e ali repete
Uma canção aos anos d'Amarílis
E um madrigal que fez a certa ausência.
O roubador do Plagiário Quita,
De frívolos discursos satisfeito,
Anda de rua em rua mendigando
Quem lhe ature uma dúzia de romances
E dez cantigas que glosou cem vezes
A Sílvias, Clóris, Nises e Tirséias.
Eu, que o conheço, sempre acautelado,
Tenho trancada a porta, que não venha
Secar-me com seus versos importunos.

Do que é bom mofa aquele, e quando ataca,
Devendo pôr em público o defeito,
Volta à banda o nariz e franze a testa,
Meneando a cabeça por dar mostras
De grande esfera e gosto delicado.
Por seu Conselho, o estúpido sincero
Engrossa coleções, que avaro estima,
De quanto se viu mau em nossa idade.
Se lhe forem à mão estes meus versos,
Nenhum deles conhece o seu retrato,
Por mais que se pareça, e na sentença,
Que profere este oráculo das Musas,
Fazem-me a honra de não ser guardado
Entre os frios papéis da sua escolha.

Quem sofre o riso vendo autor moderno
Destes belos espíritos da moda
Em êxtase de ouvir: "no verde prado →

Saltai meus cordeirinhos inocentes
Mais brancos do que a neve", e, a sangue-frio,
"Ver fumegando nas desertas praias
Lagos de sangue, tépidos e impuros,
Em que nadam cadáveres despidos."

A mocidade crédula, que aspira
Do louvor popular à frágil glória,
Seguindo estes ridículos exemplos
Muitas vezes sufoca o gênio altivo,
Imita o mau, e passa pelo grande
Como cão pela vinha vindimada.
Toda a beleza está no "Pátrio rio
Coroado de junco e de espadana,
Verdes Ninfas, sonoros ribeirinhos."

Um Pastor que se aparta e deixa escritos
No tronco de uma Faia os seus amores;
Um cajado, uma flauta, uma choupana,
Embutidos à força causam sono.
Tanto como enfadonhas madrugadas
E mais do que essas frases gigantescas,
Cheias de vento e de razão várias.

Não acha graça ao *Uraguai* aquele
Que na ruína alheia vê seguras
Do soberbo e fantástico edifício
Os pórticos, os tetos e as colunas,
Que se desfazem com o leve sonho,
Deixando-lhe esfaimado nas entranhas
O turbulento monstro que o devora.
Ladrem cães contra a Lua; enquanto ileso
Este novo Poema se conserva →

Por feliz monumento que assinale
Das belas-letras o nascente gosto.

Não deixava Paulino e o seu Teodoro
De gracejar discreto; nem tu, Matos,
Bem que apesar da mísera indigência,
De mostrar a tua alma nos teus versos.

Quem lê jamais as frias cambadelas.
Galhardíferas naus, ondas letárgicas
Que o Mondego abortou? Mas sempre cheias
De Pindárico fogo, as poucas Odes
Na memória dos bons mostram qual seja
O gênio e a boa frase do Isidoro.

Seja duro o Garção e ande escolhendo
Da velha Língua os verbos carcomidos
Por traduzir Horácio; isto que importa,
S'ele brilha também? Vós, que a barreira
Quereis passar da vil mordacidade,
Lede os bons e julgai sem que vos cegue
Lisonjeiro louvor nem crise injusta.

Oh, três e quatro vezes venturoso,
Bom Agnoristo, aquele que imitando
Das abelhas a próvida conduta
Afugentasse a vespa insociável
E o zangão do Parnaso! Tu conheces,
Meu caro amigo, e evitas estas cousas
E as outras que a política do inferno
Contra nós inventou, e eu pela estrada
Vou deixando estas poucas carapuças,
Que hão-de servir a muitos pelo preço.

SONETOS

NO DIA DA INAUGURAÇÃO DA ESTÁTUA EQÜESTRE DE EL-REI NOSSO SENHOR D. JOSÉ I

Vencer dragão que as Fúrias desenterra;
Coas Artes adornar Cetro e Coroa;
Da triste cinza erguer aos Céus Lisboa;
Pôr freio às ondas e dar Leis à Terra;

Tudo JOSÉ na heróica Mão encerra;
O Bronze se levanta: o prazer voa
E o seu Nome imortal a Fama entoa
Entre cantos da Paz e sons da Guerra.

Ó Rainha do Tejo! neste Dia
Ao Pai da Pátria o Tempo vê com susto
E adorar a sua Imagem principia.

Ouço aclamar o Grande, o Pio, o Justo:
Quanto ostentais brilhantes à porfia
Vós a glória de Roma, ele, a d'Augusto!

[QUE IMPORTA QUE SEGURO E BEM TALHADO]

Que importa que seguro e bem talhado
Aos fortes galeões causes inveja,
Ou que oponhas ao vento que forceja
E ao bravo mar o rígido costado?

Se tu, príncipe magro e descorado,
Em vão pedes ao céu que te proteja!
Se um dia só não passa sem que seja
Por sucessos de fome assinalado!

O capitão, cos olhos na frasqueira,
De noite os paios e presuntos come,
E os mais jejuam a semana inteira.

Ou muda o capitão ou muda o nome;
Se não, em vez de *Príncipe da Beira*,
Serás chamado o *Príncipe da Fome*!

[JUNTO DO MONDEGO MANSO E ARENOSO]

Junto do Mondego manso e arenoso
Me pus só a cantar um alvo dia,
Com suavidade tal que adormecia
Sobre as margens o rio vagaroso.

As brancas Ninfas, lá do pego undoso,
Já cada qual, deixando a gruta fria,
Vinha buscando a praia onde se ouvia
O meu alegre canto deleitoso.

Zéfiro, que pouco antes solto andava
Sussurrando nos bosques onde gira,
Parece que entre as ramas preso estava.

Tudo se cala enfim, tudo se admira;
Porque o Nome de Zélia então soava
Na minha doce e venturosa Lira.

[TRAGO A MINHA CONFUSA FANTASIA]

Trago a minha confusa fantasia,
De tão tristes idéias ocupada,
Que nem um só instante desterrada
Vejo de mim a fúnebre agonia.

Apenas lá na noite escura e fria,
Minh'alma, em doce sono sepultada,
Logra uma breve glória, fabricada
Das aparências vãs de uma alegria.

Por entre as sombras trêmulas girando,
Daquela Ingrata a Imagem me aparece,
Que só então me mostra o gesto brando.

Mas que pouco esta glória permanece;
Vai-se a nuvem do engano dissipando,
E o que era amante Zélia já falece.

[EU VI MARFIDA SOBRE A MÃO FORMOSA]

Eu vi Marfida sobre a mão formosa
Estar em doce sono descansando,
Quando o sol para a terra ia inclinando
Os brandos lírios, a vermelha rosa.

Eu vi Cupido a aljava vigorosa
Prostrar-lhe aos pés e, as asas levantando,
Com leve som está-la adormentando
E refrescar-lhe a maçã calmosa.

"Ó quanto injusto és, cruel Cupido!",
Então clamei, de pranto lastimoso
Deixando o triste rosto umedecido.

"A quem zomba de ti buscas repouso,
E a mim, que ao teu poder estou rendido,
Fazes que viva triste e cuidadoso."

[LISANDRA BELA, NINFA SEM BRANDURA]

Lisandra bela, Ninfa sem brandura,
Que te escondes de mim nas ondas frias:
Que mal te fiz, que tantas tiranias
Usas comigo, Ninfa Ingrata e dura?

Por ti não passo toda a noite escura
Entre saudosos ais, entre agonias?
Não passo nesta praia os longos dias
A chamar por Lisandra com ternura?

Já rouca sinto a voz de te bradar
De cima desta rocha cavernosa,
Onde as salgadas ondas vêm quebrar.

Mas tu, mais dura que ela e rigorosa,
De mim te escondes no profundo mar,
Sem te mover de um triste a voz saudosa.

[DEIXA, DÓRIS, DO FUNDO E VERDE PEGO]

Deixa, Dóris, do fundo e verde pego
Em que habitas, a lapa cavernosa;
Vem brincar nesta praia deleitosa,
Por onde passa o trêmulo Mondego.

Vem trazer-me o dulcíssimo sossego
Que me roubaste, Ninfa rigorosa;
Dar-te-ei esta grinalda tão formosa,
Feliz em tua frente a vê-la chego.

Não te prometo, Ninfa, ouro luzente;
Alvas conchinhas sim, que o sol brilhante
Faz luzir quando vem lá no Oriente.

Além disso te of'reço um amor constante,
Que é dádiva mais rara e excelente
Que o frio ouro, que o lúcido diamante.

[JÁ VAI A NOITE AS ASAS ENCOLHENDO]

Já vai a noite as asas encolhendo
Que sobre os verdes campos estendia,
E a nuvem que o horizonte escurecia
Se vai em frio orvalho desfazendo.

Este bosque, que mais espesso e horrendo,
Abafado, coas sombras parecia,
À bela e clara luz do alvo dia
Que alegre, que frondoso, se está vendo!

Descobre o dia os vales encurvados
E aos Pastores desperta adormecidos,
Que alegres cantam já por estes prados.

Só a mim me faz dar tristes gemidos,
Mostrando-me esses campos apartados
Onde Zélia se esconde aos meus sentidos.

[TRABALHE POR VENCER A FORÇA DURA]

Trabalhe por vencer a força dura
Do mar irado o cauto navegante;
Trabalhe o desvelado e firme amante
Por alcançar de amor toda a ventura.

Trabalhe o que nasceu em sorte escura
Por se assentar em sólio mais brilhante;
Trabalhe o perdido e caminhante
Por atinar a estrada que procura.

Trabalhem enfim todos pra que a sorte
Lhes dê gostos, prazeres, alegrias,
Enquanto lhes não chega o fatal corte.

Que eu, triste de mim mesmo entre agonias,
Trabalho por fugir da dura morte,
Pois morro às mãos de amor todos os dias.

POEMA

ÀS ARTES

POEMA QUE A SOCIEDADE LITERARIA
DO RIO DE JANEIRO RECITOU NO DIA DOS ANOS
DE SUA MAJESTADE FIDELISSIMA

Já fugiram os dias horrorosos
De escuros nevoeiros, dias tristes,
Em que as Artes gemeram desprezadas
Da nobre Lísia no fecundo seio.
Hoje cheias de glória ressuscitam
Até nestes confins do Novo Mundo
Graças à mão Augusta que as anima!

Vejo grave Matrona meditando[16]
Com os olhos no Céu; a mão exata
Dos Planetas descreve o movimento;
Por justas Leis calcula, pesa e mede
Forças, massas e espaços infinitos.
Dois Gênios Voadores lhe apresentam
Móvel ebúrneo Globo, em que ela grava ➔

---

16. Matemática.

Os limites do Império Lusitano.
Ela dirige sobre os vastos mares
Nadantes edifícios que transportam
Os tesouros e as Armas de que treme
O último Ocaso, o primeiro Oriente.

A par desta outra Deusa move os passos[17]
Da firme experiência sustentada,
Ela conhece as causas e os efeitos;
Ela exerce, ela aumenta e diminui
Da Natureza as forças: a Luz pura
Através do Cristal separa os raios,
E mostra aquelas primitivas cores
Que formam a beleza do Universo.
Por suas Leis os diferentes Corpos
Se ajuntam e se movem: o Tridente
Que levanta e que abate as negras ondas
Escuta a sua voz, e o mesmo Jove,
Se troveja e fulmina, reconhece
Que ela o move, ela o rege, ela o desarma[18].
Funesta glória, que custou a vida
Ao novo Prometeu, que ímpio roubara[19]
A sútil chama do Sagrado Olimpo!
Por ela o Nauta ilustre e valoroso[20]
Vendo abaixo dos pés as tempestades,
Vai sobre as nuvens visitar a Esfera.

---

17. Física experimental.
18. As experiências da matéria Elétrica sobre o Raio.
19. O desgraçado Professor de Petersburgo Richman, que morreu experimentando o Condutor da matéria Elétrica.
20. O primeiro Aeronauta Monsieur Pilatre de Rosier.

E tu, quem és, ó Ninfa, tu que ajuntas,
Indagas e descobres os tesouros
Que fecunda produz a Natureza?[21]
Recebe as tuas Leis todo o vivente;
O nobre racional, o vil inseto,
O mudo Peixe, as Aves emplumadas,
As indômitas Feras e escamosas
Mortíferas Serpentes, e os Anfíbios
Que respiram diversos Elementos,
Dos Vegetais na imensa variedade
Tu conheces os sexos, e distingue
Quais servem ao Comércio e quais restauram
A perdida saúde; tu nos mostras
A prata, o ouro, as pedras preciosas,
Com que opulenta a ínclita Lisboa
Vaidosa sobre o Tejo se levanta:
A tua mão benéfica, rasgando
Ocultas veias d'ásperos rochedos,
Arranca o ferro que revolve os campos,
Por quem o lavrador recolhe alegre
Do seu nobre suor os doces frutos.

E tu, que com poder quase divino[22]
Imitas portentosa, rica e bela
As produções da sábia Natureza,
Vem, ensina aos mortais como a Matéria,
De mil diversos modos combinada,
Forma infinitos mil corpos diversos;
Uns que respiram, outros que vegetam,
Outros que nem vegetam nem respiram.
Por tua mão laboriosa vejo →

---
21. História natural.
22. Química.

Em pedra transformar-se a mole argila,
Em Cristal as areias: tu desatas
A união dos metais, e ainda esperas
Formar o Ouro brilhante, que enobrece
Da inculta Pátria minha os altos montes.
E se eu tremo de horror, vendo-te armada
Uma mão de mortíferos venenos,
Agradecido e respeitoso beijo
Outra mão, que benigna me prepara
As riquezas e as forças que reprimem
A pálida doença, rodeada
Dos espectros da Morte... Ah vem, ó bela
Irmã da Natureza enfraquecida[23],
Que próvida conservas, que renovas
Da humana vida a preciosa fonte.
De que serve o valor e os cheios cofres
De Midas ou de Cresso, se desmaiam
Em languidez os membros, quando a febre
E os correios da Morte acelerados
Do aflito coração às portas batem.
Então cheia d'amor da humanidade
(Mísera humanidade!), pouco a pouco
Tu a consolas e ergues dentre as sombras
E frio horror da negra sepultura.
Estende, estende, ó Deusa, a mão benigna
À fraca humanidade: e tu, que podes
Unir os rotos lacerados membros[24],
E com saudável e polido ferro
Afugentas a Morte, e que conheces
Todos os laços da estrutura humana,
Entorna o doce bálsamo da vida →

---

23. Medicina.
24. Cirurgia.

Sobre os tristes mortais. Já reconheço
Outra formosa Ninfa, que descreve[25]
Toda a extensão da Terra, o Mar, os rios,
As famosas Cidades e as montanhas,
De polidas Nações brandos costumes
E de bárbaros Povos fera usança,
Sincera indaga, e cuidadosa exprime.
Com ela vem belíssima Donzela[26],
Que com grave eloqüência narra os fatos
Que o mundo viu desde a primeira idade:
Ela nos mostra em quadros diferentes
Os tempos, as Nações, e a vária sorte
De impérios elevados e abatidos,
As alianças, a implacável Guerra,
O progresso das Artes, e a ruína.

Mas que ilustre Matrona entre as mais vejo
De verdes louros coroada a frente?[27]
Tem nas mãos plectro ebúrneo e lira d'ouro,
Que celebra os Heróis e que eterniza
No templo da Memória o Nome e a Fama
Dos ínclitos Monarcas; já das Deusas,
A companhia escuta: já repousam
As nuvens sobre o cume das montanhas:
O rouco Mar, os ruidosos Ventos,
A fonte, o rio, os ecos adormecem:
Reina o silêncio; entanto solta aos ares
Calíope divina a voz sonora.
"Os Tiranos da Pátria, assoladores →

---

25. Geografia.
26. História.
27. Poesia.

Do Povo desgraçado, são flagelos
Que envia ao Mundo a cólera Celeste;
São dos Mortais o horror, a infâmia, o ódio,
Mais cruéis do que a peste, a fome e a guerra.
E seu dia Natal é dia infausto,
Dia de imprecação, época triste,
De susto e de geral calamidade;
Mas o Monarca generoso e pio,
Amor, delícias, esperança e glória
Na Nação venturosa que protege,
É Dom raro e magnífico que nasce
Da Eterna Mão que volve os Céus e a Terra.
O dia, o feliz dia que primeiro
O deu ao mundo, é dia assinalado,
É dia de prazer: o Povo unido
Levanta as mãos ao Céu: os puros votos,
Com as lágrimas de gosto misturados,
São a pública voz e o testemunho
De gratidão, de amor e de ternura.
Tal é, Rainha Augusta, a vossa Imagem;
Tal foi o ínclito Rei, que teve a sorte
De deixar à saudosa Lusitânia
A digna Filha, generosa Herdeira
Do grande coração, do vasto Império.
Se ele invicto abateu com braço hercúleo
A horrível Hidra, os detestáveis Monstros,
Deixou também aos vossos firmes passos
Da bela glória abertos os caminhos.
O Coro ilustre das Reais Virtudes
Vos segue em toda a parte, e a Esperança
Da Nação venturosa junto ao Trono,
Erguendo os olhos e alongando os braços,
De vós confia, e só de vós espera →

Os belos dons da paz e da abundância.
Vejo por terra a estúpida e maligna
Coorte da Ignorância: e se ainda restam
Vestígios de feroz Barbaridade,
O Tempo os vai tragando: assim as folhas
Murchas e áridas caem pouco a pouco
Dos próprios ramos nas regiões d'Europa
Quando, pesado, o triste e frio Inverno
Sobre o carro de gelo açoita as Ursas
E fere as nuvens com aguda lança.
Chegam por vós aos mais remotos Climas
Premiadas as Artes: eu as vejo,
Eu as ouço que, juntas neste dia,
Entre os transportes de prazer entoam
Ao vosso amável Nome eternos hinos.
Eles voam, levando ao Céu sereno
Nas brancas asas os mais ternos votos
De respeito e de amor que vos consagra
Rude, mas grato, Povo Americano.

"Já destes votos nasce e se derrama,
Como a neve dos Alpes, a torrente
Da vossa Glória, que de dia em dia,
Igual ao vosso Nome, se levanta;
E os últimos vindouros admirados
Inda a verão crescer no amor dos Povos.

"E tu, que triste e pensativo observas
Este de Glória eterno monumento,
Ó fero tragador dos bronzes duros,
Arroja o curvo ensangüentado ferro,
E confundido e temeroso adora
Aos pés do Régio Trono Lusitano
Da Rainha Imortal o Nome Augusto."

GLAURA

POEMAS ERÓTICOS DE
MANUEL INÁCIO DA SILVA ALVARENGA,
BACHAREL PELA UNIVERSIDADE
DE COIMBRA E PROFESSOR DE RETÓRICA
NO RIO DE JANEIRO.
NA ARCÁDIA
ALCINDO PALMIRENO

RONDÓS

POEMAS ERÓTICOS
DE UM AMERICANO

Carminibus quaero miserarum oblivia rerum:
Praemia si studio consequar ista, sat est.
Ovid.

Χαιροιτε λσιπόν ἡμῖν
ἧρωες ἡ λύρη γὰρ
μόνου; "Ερωταζ ᾄδει
ΑΝΑΚΡΕΩΝ.

Adeus, ó Heróis; que enfim
Nas cordas da doce Lira
Só respira o terno Amor."
Anacreonte

ANACREONTE

Rondó I

De teu canto a graça pura,
E a ternura não consigo;
Pois comigo a doce Lira
Mal respira os sons de Amor.

Quando as cordas lhe mudaste,
Ó feliz Anacreonte,
Da Meônia viva fonte
Esgotaste o claro humor.

O ruído lisonjeiro
Dessas águas não escuto,
Onde geme dado a Pluto
O grosseiro habitador.

De teu canto a graça pura,
E a ternura não consigo;
Pois comigo a doce Lira
Mal respira os sons de Amor.

Neste bosque desgraçado
Mora o Ódio, e vil se nutre
Magra Inveja, negro Abutre
Esfaimado e tragador.

Não excita meus afetos
Cnido, Pafos, nem Citera:
Vejo a Serpe, ouço a Pantera...
Oh! que objetos de terror.

De teu canto a graça pura,
E a ternura não consigo;
Pois comigo a doce Lira
Mal respira os sons de Amor.

Cruel seta passadora
Me consome pouco a pouco,
E no peito frio e rouco
A alma chora, e cresce a dor.

Surda morte nestes ares
Enlutada e triste vejo,
E se entrega o meu desejo
Dos pesares ao rigor.

De teu canto a graça pura,
E a ternura não consigo;
Pois comigo a doce Lira
Mal respira os sons de Amor.

Dos Heróis te despediste,
Por quem Musa eterna soa;
Mas de flores na coroa
Inda existe o teu louvor.

De agradar-te sou contente:
Sacro Louro não me inflama:
Da Mangueira a nova rama
Orne a frente do Pastor.

De teu canto a graça pura,
E a ternura não consigo;
Pois comigo a doce Lira
Mal respira os sons de Amor.

A LUZ DO SOL

Rondó II

Luz do Sol, quanto és formosa,
Quem te goza não conhece;
Mas, se desce a noite fria,
Principia a suspirar.

Quando puro se derrama
Vivo ardor no ameno prado,
Pelas brenhas foge o gado
Verde rama a procurar.

E se o Astro luminoso
Deixa tudo em sombra fusca
Triste então o abrigo busca
Vagoroso a ruminar.

Luz do Sol, quanto és formosa,
Quem te goza não conhece; →

Mas, se desce a noite fria,
Principia a suspirar.

Lavrador, que aflito e velho,
Sobre o campo endurecido,
Ver deseja submergido
O vermelho Sol no mar.

E se o úmido negrume
Tolda os Céus, e os vales banha,
Fita os olhos na montanha,
Onde o lume vê raiar.

Luz do Sol, quanto és formosa,
Quem te goza não conhece;
Mas, se desce a noite fria,
Principia a suspirar.

Pela tarde mais ardente
O Pastor estima as grutas,
Onde penhas nunca enxutas
Vê contente gotejar.

E se as trevas no horizonte
Desenrolam negro manto,
Com saudoso e flébil canto
Faz o monte ressonar.

Luz do Sol, quanto és formosa,
Quem te goza não conhece;
Mas, se desce a noite fria,
Principia a suspirar.

Assim Glaura, que inflamada
Perseguiu Aves ligeiras,
Quer à sombra das Mangueiras
Descansada respirar.

Entre Risos, entre Amores,
Se lhe falta o dia, chora,
E vem cedo a ver a Aurora
Sobre as flores orvalhar.

Luz do Sol, como és formosa,
Quem te goza não conhece;
Mas, desce a noite fria,
Principia a suspirar.

O CAJUEIRO

Rondó III

Cajueiro desgraçado,
A que Fado te entregaste,
Pois brotaste em terra dura
Sem cultura e sem senhor!

No teu tronco pela tarde,
Quando a luz no Céu desmaia,
O novilho a testa ensaia,
Faz alarde do valor.

Para frutos não concorre
Este vale ingrato e seco;
Um se enruga murcho e peco,
Outro morre ainda em flor.

Cajueiro desgraçado,
A que Fado te entregaste, →

*Pois brotaste em terra dura
Sem cultura e sem senhor!*

Vês nos outros rama bela,
Que a Pomona por tributos
Oferece doces frutos
De amarela e rubra cor?

Ser copado, ser florente
Vem da terra preciosa;
Vem da mão industriosa
Do prudente Agricultor.

*Cajueiro desgraçado,
A que Fado te entregaste,
Pois brotaste em terra dura
Sem cultura e sem senhor!*

Fresco orvalho os mais sustenta
Sem temer o Sol ativo;
Só ao triste semivivo
Não alenta o doce humor.

Curta folha mal te veste
Na estação do lindo Agosto,
E te deixa nu, e exposto
Ao celeste intenso ardor.

*Cajueiro desgraçado,
A que Fado te entregaste,
Pois brotaste em terra dura
Sem cultura e sem senhor!*

Mas se estéril te arruínas,
Por destino te conservas,
E pendente sobre as ervas
Mudo ensinas ao Pastor

Que a fortuna é quem exalta,
Quem humilha o nobre engenho:
Que não vale humano empenho,
Se lhe falta o seu favor.

Cajueiro desgraçado,
A que Fado te entregaste,
Pois brotaste em terra dura
Sem cultura e sem senhor!

O POMBO

Rondó IV

O meu Pombo, a quem amava,
Igualava ao branco arminho:
Do seu ninho (oh desventura!),
Que mão dura o foi roubar?

Na manhã clara e serena,
Se o achava dormitando,
O seu sono doce e brando
Tinha pena de turbar.

Que saudade me consome!
Ai de mim! Se me sentia,
O biquinho logo abria
Para a fome saciar.

O meu Pombo, a quem amava,
Igualava ao branco arminho: →

Do seu ninho (oh desventura!),
Que mão dura o foi roubar?

Era manso, era amoroso,
E as carícias conhecendo,
Desejava estremecendo,
Ser mimoso em agradar.

O receio já pressago
Me dizia na floresta,
Que o tornasse pela sesta
Com afago a visitar.

O meu Pombo, a quem amava,
Igualava ao branco arminho:
Do seu ninho (oh desventura!),
Que mão dura o foi roubar?

Glaura, oh Céus! por que cedeste
A meus rogos? dize agora.
"Pobres dons duma pastora
Não quiseste conservar!"

Esta mágoa me atormenta,
E não sei como inda vivo;
Pois se busco lenitivo,
Mais se aumenta o suspirar.

O meu Pombo, a quem amava,
Igualava ao branco arminho:
Do seu ninho (oh desventura!),
Que mão dura o foi roubar?

Não me alegra o doce encanto,
Nem afino a curva Lira,
Tudo sente e tudo inspira
O meu pranto, o meu pesar.

O destino por piedade
Me converta em pura fonte,
Porque possa neste monte
A saudade eternizar.

O meu Pombo, a quem amava,
Igualava ao branco arminho:
Do seu ninho (oh desventura!),
Que mão dura o foi roubar?

A SERPENTE

Rondó V

Verde Cedro, verde arbusto,
Que o meu susto e prazer vistes,
Vamos tristes na memória
Essa história renovar.

Este o vale, é esta a fonte:
Glaura achei aqui dormindo:
Sonha alegre e se está rindo,
E eu defronte a suspirar.

Junto dela pavoroso,
Vi, oh Céus! monstro enrolado,
Fero, enorme, atroz, manchado,
E escamoso cintilar.

Verde Cedro, verde arbusto,
Que o meu susto e prazer vistes, →

Vamos tristes na memória
Essa história renovar.

Ardo e tremo, e louco amante
Mil horrores n'alma pinto:
Vou... receio... ah que me sinto
Vacilante desmaiar.

Vence Amor: (doce ternura!)
Tomo a Ninfa nos meus braços:
Ele aperta os novos laços,
E assegura o triunfar.

Verde Cedro, verde arbusto,
Que o meu susto e prazer vistes,
Vamos tristes na memória
Essa história renovar.

Em si mesma se embaraça
A serpente enfurecida;
Ergue o colo e atrevida
Ameaça a terra e o ar.

Numa pedra rude e feia,
Já lhe envio a morte afoita;
Já coa cauda o tronco açoita,
Morde a areia ao expirar.

Verde Cedro, verde arbusto,
Que o meu susto e prazer vistes,
Vamos tristes na memória
Essa história renovar.

Venturoso e satisfeito,
"Glaura bela (então dizia),
Vê de amor e de alegria
O meu peito palpitar."

Ela, em mim buscando arrimo,
Cora e diz inda assustada:
"Esse puro ardor me agrada,
Eu te estimo e te hei de amar."

Verde Cedro, verde arbusto,
Que o meu susto e prazer vistes,
Vamos tristes na memória
Essa história renovar.

A PRAIA

Rondó VI

Quem por ti de amor desmaia,
Nesta praia geme e chora:
Vem, Pastora, por piedade
A saudade consolar.

Não recreiam sempre os montes
Coas delícias de Amaltéia;
Vem, ó Glaura, a ruiva areia,
Rio e fontes animar.

Ninfa ingrata, não te escondas;
Teme os ásperos abrolhos;
E com teus serenos olhos
Vem as ondas acalmar.

Quem por ti de amor desmaia,
Nesta praia geme e chora: →

Vem, Pastora, por piedade
A saudade consolar.

Mergulhão verás ligeiro,
Como cai precipitado,
E o peixinho prateado
Leva inteiro a devorar.

Vem, cruel, não te detenhas,
Não me roubes a ventura;
Vem, que já com mais brandura
Estas penhas lava o mar.

Quem por ti de amor desmaia,
Nesta praia geme e chora:
Vem, Pastora, por piedade
A saudade consolar.

Num rochedo vi dois ninhos;
Já são teus esses penhores;
E entre conchas, entre flores
Os Pombinhos hás de achar.

Murcharão os dons mais belos
Da suave Primavera,
Se não vens, ó dura e fera,
Teus cabelos enlaçar.

Quem por ti de amor desmaia,
Nesta praia geme e chora:
Vem, Pastora, por piedade
A saudade consolar.

Vem a ver este remanso,
Estas árvores sombrias,
Onde, ai! triste ai! longos dias,
Não descanso de esperar!

Se o amar te foi delito,
E te agrada o meu tormento;
Vem ouvir o meu lamento,
Meu aflito suspirar.

Quem por ti de amor desmaia,
Nesta praia geme e chora:
Vem, pastora, por piedade
A saudade consolar.

O BEIJA-FLOR

Rondó VII

Deixo, ó Glaura, a triste lida
Submergida em doce calma;
E a minha alma ao bem se entrega,
Que lhe nega o teu rigor.

Neste bosque alegre e rindo
Sou amante afortunado;
E desejo ser mudado
No mais lindo Beija-Flor.

Todo o corpo num instante
Se atenua, exala e perde:
É já de ouro, prata e verde
A brilhante e nova cor.

Deixo, ó Glaura, a triste lida
Submergida em doce calma; →

*E a minha alma ao bem se entrega,
Que lhe nega o teu rigor.*

Vejo as penas e a figura,
Provo as asas, dando giros;
Acompanham-me os suspiros,
E a ternura do Pastor.

E num vôo feliz ave
Chego intrépido até onde
Riso e pérolas esconde
O suave e puro Amor.

*Deixo, ó Glaura, a triste lida
Submergida em doce calma;
E a minha alma ao bem se entrega,
Que lhe nega o teu rigor.*

Toco o néctar precioso,
Que a mortais não se permite;
É o insulto sem limite,
Mas ditoso o meu ardor;

Já me chamas atrevido,
Já me prendes no regaço:
Não me assusta o terno laço,
É fingido o meu temor.

*Deixo, ó Glaura, a triste lida
Submergida em doce calma;
E a minha alma ao bem se entrega,
Que lhe nega o teu rigor.*

Se disfarças os meus erros,
E me soltas por piedade;
Não estimo a liberdade,
Busco os ferros por favor.

Não me julgues inocente,
Nem abrandes meu castigo;
Que sou bárbaro inimigo,
Insolente e roubador.

Deixo, ó Glaura, a triste lida
Submergida em doce calma;
E a minha alma ao bem se entrega,
Que lhe nega o teu rigor.

A LEMBRANÇA SAUDOSA

Rondó VIII

Conservai, musgosas penhas,
Nestas brenhas minha glória;
E a memória que inda existe,
Torne um triste a consolar.

Repousavas, Glaura, um dia
Neste leito de verdura,
E esta fonte bela e pura
Mal se ouvia murmurar.

Eu vi Zéfiro saudoso,
Pelas Ninfas conduzido,
Sobre as asas suspendido
Amoroso respirar.

Conservai, musgosas penhas,
Nestas brenhas minha glória; →

E a memória que inda existe,
Torne um triste a consolar.

Vi mil cândidos Amores,
E mil Risos namorados,
Da Mangueira pendurados
Lindas flores desfolhar.

Os hirsutos Faunos broncos,
A quem move tal portento,
Reprimindo o tardo alento
Pelos troncos vi trepar.

Conservai, musgosas penhas,
Nestas brenhas minha glória;
E a memória que inda existe,
Torne um triste a consolar.

Deu-me o prado florescente
Goivos, murta, rosa e lírio;
Venho, ó Ninfa, em meu delírio
Tua frente a coroar.

Sem rumor com susto chego
Gela o sangue... já não pulsa,
Nem se atreve a mão convulsa,
Teu sossego a perturbar.

Conservai, musgosas penhas,
Nestas brenhas minha glória;
E a memória que inda existe,
Torne um triste a consolar.

De ternura, amor e gosto
Entre o tímido embaraço,
Fiquei mudo longo espaço
No teu rosto a contemplar.

Mas as lágrimas puderam
Iludir o meu receio,
E caindo no teu seio
Te fizeram despertar.

Conservai, musgosas penhas,
Nestas brenhas minha glória;
E a memória que inda existe,
Torne um triste a consolar.

O BEIJA-FLOR

Rondó IX

Beija-Flor fui amoroso,
E ditoso já me viste;
Hoje é triste e desgraçado
O sonhado Beija-Flor.

Mal toquei, ó Glaura bela
(De prazer eu me confundo),
Nesse cravo rubicundo,
Que ama e zela o mesmo Amor.

No teu puro e brando seio
Por castigo me encerravas;
Eu me ria, e tu pensavas
Ver-me cheio de temor.

Beija-Flor fui amoroso,
E ditoso já me viste; →

Hoje é triste e desgraçado
O sonhado Beija-Flor.

Minha voz não entendeste;
E querendo ver-me aflito,
Por vingança dum delito
Me fizeste o bem maior.

A prisão em que me via
Era o templo da ternura,
Onde em braços da Ventura
Não temia o teu rigor.

Beija-Flor fui amoroso,
E ditoso já me viste;
Hoje é triste e desgraçado
O sonhado Beija-Flor.

Alva mão... eu me enterneço!
Tua mão me arranca as penas;
A servir-te me condenas;
É sem preço o teu favor.

Mas tu foges rigorosa,
E eu não vôo... que martírio!
Nem procuro o branco lírio,
Nem da rosa a viva cor.

Beija-Flor fui amoroso,
E ditoso já me viste;
Hoje é triste e desgraçado
O sonhado Beija-Flor.

Ir contigo só desejo;
És cruel... cruel me agradas;
Choro as penas arrancadas,
E em mim vejo o teu Pastor.

Ah! que eu morro de saudade,
E te dizem meus gemidos,
Que os prazeres são fingidos,
E é verdade a minha dor.

Beija-Flor fui amoroso,
E ditoso já me viste;
Hoje é triste e desgraçado
O sonhado Beija-Flor.

O AMANTE INFELIZ

Rondó X

Glaura! Glaura! não respondes?
E te escondes nestas brenhas?
Dou às penhas meu lamento;
Oh tormento sem igual!

Ao Amor cruel e esquivo
Entreguei minha esperança,
Que me pinta na lembrança
Mais ativo o fero mal.

Não verás em peito amante
Coração de mais ternura;
Nem que guarde fé mais pura,
Mais constante e mais leal.

Glaura! Glaura! não respondes?
E te escondes nestas brenhas? →

Dou às penhas meu lamento;
Oh tormento sem igual!

Se não vens, porque te chamo;
Aqui deixo junto ao Rio
Estas pérolas num fio,
Este ramo de coral.

Entre a murta que se enlaça
Com as flores mais mimosas,
Acharás purpúreas rosas
Numa taça de cristal.

Glaura! Glaura! não respondes?
E te escondes nestas brenhas?
Dou às penhas meu lamento;
Oh tormento sem igual!

Vejo turvo o claro dia;
Sombra feia me acompanha;
Não encontro na montanha
A alegria natural.

Tanto a mágoa me importuna,
Que o viver já me aborrece;
Para um triste, que padece,
É fortuna o ser mortal.

Glaura! Glaura! não respondes?
E te escondes nestas brenhas?
Dou às penhas meu lamento;
Oh tormento sem igual!

Onde estou? troveja... o raio...
Foge a luz... os arvoredos...
Abalados os rochedos...
Já desmaio... ó dor fatal.

Ninfa ingrata, esta vitória
Alcançaram teus retiros;
Leva os últimos suspiros
Por memória triunfal.

Glaura! Glaura! não respondes?
E te escondes nestas brenhas?
Dou às penhas meu lamento;
Oh tormento sem igual.

O JASMINEIRO

Rondó XI

Venturoso Jasmineiro,
Sobranceiro ao claro Rio,
Já do Estio o ardor se acende,
Ah! defende este lugar.

Ache Glaura na frescura
Destas penhas encurvadas
Moles heras abraçadas
Com ternura a vegetar.

Ache mil e mil Napéias,
E inda mais e mais Amores,
Do que mostra o campo flores,
Do que areias tem o mar.

Venturoso Jasmineiro,
Sobranceiro ao claro Rio, →

Já do Estio o ardor se acende,
Ah! defende este lugar.

Branda Ninfa, que me escutas
Desse monte cavernoso,
Nem o raio luminoso
Nestas grutas possa entrar.

Hás de ver com dor e espanto,
Como pálida a Tristeza
Dos seixinhos na aspereza
Faz meu pranto congelar.

Venturoso Jasmineiro,
Sobranceiro ao claro Rio,
Já do Estio o ardor se acende,
Ah! defende este lugar.

Glaura bela, que resiste
Aos rigores da saudade,
Veja em muda soledade
Sono triste bocejar.

Sobre o musgo em rocha fria
Adormeça ao som das águas,
E sonhando injustas mágoas,
Chegue um dia a suspirar.

Venturoso Jasmineiro,
Sobranceiro ao claro Rio,
Já do Estio o ardor se acende,
Ah! defende este lugar.

Com seus olhos Glaura inflame
Os desejos namorados,
Que, em abelhas transformados,
Novo enxame cubra o ar.

Vinde, abelhas amorosas,
Sem temer o meu desgosto,
Doce néctar no seu rosto
Entre rosas procurar.

Venturoso Jasmineiro,
Sobranceiro ao claro Rio,
Já do Estio o ardor se acende.
Ah! defende este lugar.

A NAPÉIA

Rondó XII

PASTOR

Não dou fim a meu tormento,
Nem o alento se restaura,
Sem ver Glaura nos meus braços,
Onde os laços tece Amor.

NAPÉIA

Fuja a vã melancolia,
E da morte a imagem feia;
Que piedosa Citeréia
Te anuncia o seu favor.

Jura Vênus pelo Estígio,
Que hás de ser entre os Pastores
Mais feliz nos teus amores
Do que o Frígio roubador.

PASTOR

Não dou fim a meu tormento,
Nem o alento se restaura,
Sem ver Glaura nos meus braços,
Onde os laços tece Amor.

NAPÉIA

Dos penedos a dureza
Cede à fonte, que murmura:
Nascerá doce ternura
Da fereza e do rigor.

Abre a terra vagaroso,
Sofre a calma sem abrigo,
E esperando ceifa o trigo,
Venturoso Lavrador.

PASTOR

Não dou fim a meu tormento,
Nem o alento se restaura,
Sem ver Glaura nos meus braços,
Onde os laços tece Amor.

NAPÉIA

Pouco duram os tributos,
De que o campo faz alarde;
E o que pende e vem mais tarde,
É dos frutos o melhor.

Não se ateia o vivo fogo,
Nem se nutre em lenho verde;
Num instante as chamas perde,
Morre logo o seu vigor.

PASTOR

Não dou fim a meu tormento,
Nem o alento se restaura,
Sem ver Glaura nos meus braços,
Onde os laços tece Amor.

NAPÉIA

Ela já te corresponde
Em segredo carinhosa;
Mas prudente e receosa
N'alma esconde o puro ardor.

Triste e só teu nome beija
Nesta gruta, que a convida;
Chora e geme, e enternecida
Ver deseja o seu Pastor.

PASTOR

Já dou fim a meu tormento,
Já o alento se restaura:
Vem, ó Glaura, que em meus braços
Firmes laços tece Amor.

A POMBA

Rondó XIII

POMBO

Bela Pomba, os dias crescem,
Aparecem já mil flores,
E os penhores ver espero
Do sincero nosso amor.

PASTOR

Ó feliz enamorado,
Como és livre da desgraça!
D'hora em hora mais te enlaça
Doce agrado e novo ardor,

A consorte (que ventura!)
Acompanhas meigo e rico;
Que às palhinhas no teu bico
A ternura dá valor.

POMBO

Bela Pomba, os dias crescem;
Aparecem já mil flores,
E os penhores ver espero
Do sincero nosso amor.

PASTOR

Preciosa lealdade
Sem repúdios, sem queixumes,
Sem desgostos, nem ciúmes,
Nem saudade, nem temor!

A Fortuna te proteja,
Apartando os tristes lutos:
Teus implumes tenros frutos
Nunca veja o caçador.

POMBO

Cara Pomba, os dias crescem;
Aparecem já mil flores,
E os penhores ver espero
Do sincero nosso amor.

PASTOR

Na Mangueira fazem ninho:
Vês, ó Glaura, lá voltaram;
Foram juntos, e pousaram
No raminho superior.

Eles tornam: par ditoso!
Dize, ó Ninfa; não te agrada
Ver a Pomba acompanhada
Do amoroso rolador?

POMBO

Bela Pomba, os dias crescem;
Aparecem já mil flores,
E os penhores ver espero
Do sincero nosso amor.

PASTOR

Inocente idade antiga,
Tu fugiste dos humanos;
E deixaste a mágoa, os danos,
E a fadiga e o rigor!

Ah! se o céu te convertera,
Ninfa ingrata, em Pomba amante;
Eu... (que gosto!) um só instante
Não quisera ser Pastor.

POMBO

Cara Pomba, os dias crescem;
Aparecem já mil flores,
E os penhores ver espero
Do sincero nosso amor.

O AMOR ARMADO

Rondó XIV

Gira Amor feroz e armado
Neste prado e vale e serra:
Tudo é guerra, e com seus tiros
Mil suspiros já causou.

Entre míseras afrontas
Pendurou num tronco a aljava;
Pois das setas, que estimava,
Glaura as pontas lhe quebrou.

Por vingar-se desta injúria
Triste emprega ferro e fogo;
Mas ao ver-me o ímpio logo
Mágoa e fúria disfarçou.

Gira Amor feroz e armado
Neste prado e vale e serra: →

Tudo é guerra, e com seus tiros
Mil suspiros já causou.

Meu socorro e meu desenho
Brando pede, e humilde aprova:
Com vaidade em seta nova
Meu empenho se esmerou.

Tinha a ponta aguda e forte,
E três farpas bem polidas,
Negras penas embutidas,
De que a Morte se assustou.

Gira Amor feroz e armado
Neste prado e vale e serra:
Tudo é guerra, e com seus tiros
Mil suspiros já causou.

Dei-lhe o aço luminoso,
E o traidor louvar-me finge:
Em cruel peçonha o tinge,
E aleivoso assim falou.

"Fico alegre e satisfeito...
Oh que seta! Vê se é boa:"
Curva o arco, a seta voa,
E o meu peito traspassou.

Gira Amor feroz e armado
Neste prado e vale e serra:
Tudo é guerra, e com seus tiros
Mil suspiros já causou.

E tormentos e pesares
Exclamei, quando caía:
"Glaura... Amor..." o Amor se ria,
E dos ares me bradou:

"O Vesúvio não se apaga:
Ser ditoso mereceste:
Do farpão, que me fizeste,
Leva a paga, que te dou."

Gira Amor feroz e armado
Neste prado e vale e serra:
Tudo é guerra, e com seus tiros
Mil suspiros já causou.

O RETRATO

Rondó XV

Tem, ó Glaura, o teu retrato
Peito ingrato e lindo rosto,
Que por gosto Amor espera
Em Citera eternizar.

Só adorna os teus cabelos
Verde fita, em que os enlaças;
E o jasmim, que as puras Graças
Com desvelos vão buscar.

Na alva testa entre a alegria,
E a feliz serenidade,
Não diviso a crueldade,
Que porfia em maltratar.

Tem, ó Glaura, o teu retrato
Peito ingrato e lindo rosto, →

Que por gosto Amor espera
Em Citera eternizar.

Os teus olhos... Ah! não pinto...
Os teus olhos tudo rendem:
Da ternura o fogo acendem,
E me sinto desmaiar.

Tua face delicada
É mais bela do que a rosa,
Quando púrpura mimosa
Orvalhada expõe ao ar.

Tem, ó Glaura, o teu retrato
Peito ingrato e lindo rosto,
Que por gosto Amor espera
Em Citera eternizar.

Doce o riso não encobre
Mil agrados inocentes:
Mostra as pérolas luzentes,
Que descobre o respirar.

Não se apartam do teu seio
Dois Amores pequeninos,
Tão cruéis e tão ferinos,
Que receio de os pintar.

Tem, ó Glaura, o teu retrato
Peito ingrato e lindo rosto,
Que por gosto Amor espera
Em Citera eternizar.

Tristes e ásperos rigores
Na tua alma se esconderam,
E implacáveis prometeram
Minhas dores aumentar.

Tudo o mais é formosura,
São belezas, que não vejo;
E nem pode o meu desejo
Na pintura debuxar.

Tem, ó Glaura, o teu retrato
Peito ingrato e lindo rosto,
Que por gosto Amor espera
Em Citera eternizar.

A CINTA DE VÊNUS

Rondó XVI

Cai a cinta a Vênus bela,
Sem cautela recostada;
E turbada entre os pesares
Pede aos mares que lha dêem.

O tesouro se procura,
Os desejos se interessam,
Os cuidados já se apressam,
E a ternura vai também.

Empenhou-se, ó Glaura, o zelo;
Mas em vão: que perda triste!
Só eu vi, sei onde existe;
E dizê-lo não convém.

Cai a cinta a Vênus bela,
Sem cautela recostada; →

*E turbada entre os pesares
Pede aos mares que lha dêem.*

Roubador do puro ornato
Foi Antero e foi Cupido;
E o levaram escondido
Com recato, eu sei a quem.

Receosos pelo insulto,
Que traidores cometeram,
No teu seio se acolheram,
Onde oculto asilo têm.

*Cai a cinta a Vênus bela,
Sem cautela recostada;
E turbada entre os pesares
Pede aos mares que lha dêem.*

Dos meus olhos não se escondem
Os meninos, a quem amo:
Se os procuro, espreito e chamo,
Correspondem, mas não vêm.

Com acenos expressivos
De alegria suspeitosa
Mostram faixa preciosa,
Que atrativos mil contêm.

*Cai a cinta a Vênus bela,
Sem cautela recostada;
E turbada entre os pesares
Pede aos mares que lha dêem.*

Se piedade aflito rogo,
E que cessem teus rigores,
(Ah cruéis, lindos Amores!)
Fogem logo e com desdém.

Abrandá-los não consigo,
E já deles tenho medo:
Guarda, Ninfa, este segredo,
Que não digo a mais ninguém.

Cai a cinta a Vênus bela,
Sem cautela recostada;
E turbada entre os pesares
Pede aos mares que lha dêem.

DÓRIS E GALATÉIA

Rondó XVII

Glaura bela, o Sol desmaia;
Esta praia te convida:
Vem dar vida ao desgraçado,
Já cansado de chorar.

Ouço ao longe o instrumento,
Que Tritão nadando emboca:
Verde carro as penhas toca,
Dorme o vento, e dorme o mar.

D'alvos peixes o cardume
Acompanha venturoso,
E o Delfim terno e piedoso,
Que presume enamorar.

Glaura bela, o Sol desmaia;
Esta praia te convida: ➔

Vem dar vida ao desgraçado,
Já cansado de chorar.

Dóris vejo, e Galatéia,
Que por ti de amor se inflamam;
Glaura esperam, Glaura chamam
Sobre a areia a suspirar;

Destes vales só responde
Com voz terna e lagrimosa
Ninfa triste, em vão saudosa,
Que se esconde e muda em ar.

Glaura bela, o Sol desmaia;
Esta praia te convida:
Vem dar vida ao desgraçado,
Já cansado de chorar.

Se te alegra a fonte pura
No rigor do Estio ardente;
Desta plácida corrente
A frescura vem gozar;

Ouvirás os arvoredos,
De meu pranto condoídos,
Repetir os meus gemidos,
E os rochedos abrandar.

Glaura bela, o Sol desmaia;
Esta praia te convida:
Vem dar vida ao desgraçado,
Já cansado de chorar.

Onde estás? vê que os Amores
Já nas águas aparecem,
E entre pérolas te oferecem
Meus ardores, meu pesar;

Ah! tu vens... quanto é modesto
Teu prazer, teu lindo rosto!
Ai de mim! ó falso gosto!
Ó funesto delirar!

Glaura bela, o Sol desmaia;
Esta praia te convida:
Vem dar vida ao desgraçado,
Já cansado de chorar.

A AURORA

Rondó XVIII

Vem, ó Ninfa suspirada,
Engraçada e rubicunda,
Da fecunda natureza
A beleza a contemplar.

Longas asas sacudindo,
Foge a noite escura e fria:
Que sereno o claro dia
Surge rindo e deixa o mar:

De Titão a terna Esposa,
Veste os céus com as lindas cores,
E o seu pranto sobre as flores
Quer saudosa derramar.

Vem, ó Ninfa suspirada,
Engraçada e rubicunda, →

Da fecunda natureza
A beleza a contemplar.

Roxa nuvem circulando
Pouco a pouco se ilumina;
A purpúrea e cristalina
Flutuando não tem par;

Esta faixa longa e verde
Muda a cor de instante a instante:
Esta azul é mais constante,
E não perde o seu brilhar.

Vem, ó Ninfa suspirada,
Engraçada e rubicunda,
Da fecunda natureza
A beleza a contemplar.

Cresce a luz pelo horizonte,
Abre o Sol o seu tesouro;
E movendo o carro de ouro,
Já Etonte inflama o ar.

Puro globo refulgente,
Que veloz se aparta e gira,
Vejo em campo de Safira
Transparente cintilar.

Vem, ó Ninfa suspirada,
Engraçada e rubicunda,
Da fecunda natureza
A beleza a contemplar.

Admirando o rico adorno
Do aprazível firmamento,
Tréguas dei a meu tormento,
Mas já torno a delirar.

Assim, Glaura, me desvio
Do meu mal, quando apareces,
E mimosa à fonte desces
Para o rio enamorar.

Vem, ó Ninfa suspirada,
Engraçada e rubicunda,
Da fecunda natureza
A beleza a contemplar.

O MEIO-DIA

Rondó XIX

Glaura, as Ninfas te chamaram,
E buscaram doce abrigo:
Vem comigo, e nesta gruta
Branda escuta o meu amor.

Treme agora o ar extenso
Pela Esfera cristalina;
Que os seus raios não declina
Esse imenso resplandor.

Busca o touro fatigado
Frias sombras, verde relva:
Coa cigarra zune a selva,
Foge o gado e o pastor.

Glaura, as Ninfas te chamaram,
E buscaram doce abrigo: →

Vem comigo, e nesta gruta
Branda escuta o meu amor.

Ferve a areia desta praia,
Arde o musgo no rochedo,
Esmorece o arvoredo,
E desmaia a tenra flor.

Todo o campo se desgosta,
Tudo... ah! tudo a calma sente:
Só a gélida serpente
Dorme exposta ao vivo ardor.

Glaura, as Ninfas te chamaram,
E buscaram doce abrigo:
Vem comigo, e nesta gruta
Branda escuta o meu amor.

Vês a plebe namorada
De volantes borboletas?
Louras são, e azuis e pretas,
De mesclada e vária cor.

Aquela ave enternecida,
Que cantou ao ver a Aurora,
Abre as asas, geme agora,
Oprimida do calor.

Glaura, as Ninfas te chamaram,
E buscaram doce abrigo:
Vem comigo, e nesta gruta
Branda escuta o meu amor.

Fonte aqui não se despenha
Com ruído que entristece:
Gota a gota a Linfa desce,
Lava a penha sem rumor.

Aqui vive preciosa
Escondida amenidade,
O segredo, e a saudade
E a chorosa minha dor.

Glaura, as Ninfas te chamaram,
E buscaram doce abrigo:
Vem comigo, e nesta gruta
Branda escuta o meu amor.

A TARDE

Rondó XX

Já serena desce a tarde,
Já não arde o Sol formoso:
Vem saudoso o brando vento
Doce alento respirar.

Pelos fins daquele monte
Vejo, ó Ninfa, luzes belas
Entre púrpura amarelas
No horizonte flutuar.

Que gigante os Céus adorna
Com chuveiros de ouro e prata!
Sobe e cresce e se desata
E se torna todo em ar!

Já serena desce a tarde,
Já não arde o Sol formoso: →

Vem saudoso o brando vento
Doce alento respirar.

Surge ali vistosa serra
De mil vários esplendores,
A quem Íris deu as cores
Para a terra enamorar.

Nuvens claras e redondas
Deixa Febo acelerado,
Que o semblante avermelhado
Sobre as ondas vai banhar.

Já serena desce a tarde,
Já não arde o Sol formoso:
Vem saudoso o brando vento
Doce alento respirar.

Pouco a pouco a luz desmaia;
Mas não cede à noite feia:
Inda vejo a solta areia
Nesta praia branquejar.

Cordeirinhos manteúdos
Traz Pastora diligente:
Eles brincam frente a frente,
Vêm felpudos a saltar.

Já serena desce a tarde,
Já não arde o Sol formoso:
Vem saudoso o brando vento
Doce alento respirar.

Como chora enternecida
Triste Flauta! ó bela, escuta.
Lá repete ao longe a gruta,
E convida a suspirar.

Ai de mim! teu peito ingrato
Não conhece o que é suspiro,
E eu por ti de amor expiro,
E só trato de te amar!

Já serena desce a tarde,
Já não arde o Sol formoso:
Vem saudoso o brando vento
Doce alento respirar.

A NOITE

Rondó XXI

Ouve, ó Glaura, o som da Lira,
Que suspira lagrimosa,
Amorosa em noite escura,
Sem ventura, nem prazer.

Já caiu do oposto monte
Sombra espessa nestes vales;
Ouço aos ecos de meus males
Esta fonte responder.

São iguais a praia, a serra:
De uma cor o bosque, o prado:
Triste o ar, feio, enlutado
Vem a terra escurecer.

Ouve, ó Glaura, o som da Lira,
Que suspira lagrimosa, →

Amorosa em noite escura,
Sem ventura, nem prazer.

Melancólico agoureiro
Solta a voz Mocho faminto,
E o *Vampir* de sangue tinto,
Que é ligeiro em se esconder.

Voa a densa escuridade,
O silêncio, horror e espanto:
E as correntes do meu pranto
A saudade faz verter.

Ouve, ó Glaura, o som da Lira,
Que suspira lagrimosa,
Amorosa em noite escura,
Sem ventura, nem prazer.

Tem a noite surda e fera
Carro de ébano polido:
Move o cetro denegrido,
Toda a Esfera vê tremer.

Forma o tímido desgosto
Mil imagens da tristeza,
Que assustada a natureza
Volta o rosto por não ver.

Ouve, ó Glaura, o som da Lira,
Que suspira lagrimosa,
Amorosa em noite escura,
Sem ventura, nem prazer.

Ao ruído destas águas
Vinde, ó sonhos voadores,
De Morfeu coas tenras flores
Minhas mágoas suspender.

Mas se amor alívios nega,
Quando o peito mais inflama:
Só aquele que não ama,
É que chega a adormecer.

Ouve, ó Glaura, o som da Lira,
Que suspira lagrimosa,
Amorosa em noite escura,
Sem ventura, nem prazer.

OS AMORES PERDIDOS

Rondó XXII

Louco amante e sem ventura,
De ternura suspirando,
Vou buscando entre estas flores
Os amores que perdi.

Não me engana o meu receio:
Tu, ó Ninfa, os ocultaste,
Ou no seio os afogaste,
No teu seio, onde eu os vi.

Ah cruel! tua fereza
Rigorosa os oprimia:
Meu prazer desde esse dia
Em tristeza converti.

Louco amante e sem ventura,
De ternura suspirando, →

Vou buscando entre estas flores
Os amores que perdi.

Com temor e com saudade
Se escondiam... que tormento!
Fui sensível ao lamento;
Por piedade os recolhi.

Roxa felpa mal mostravam
Suas asas inda implumes:
Justos eram seus queixumes,
E choravam só por ti.

Louco amante e sem ventura,
De ternura suspirando,
Vou buscando entre estas flores
Os amores que perdi.

Nem coa vista destes vales
Ao surgir purpúrea Aurora,
Nem cos dons da alegre Flora
Os seus males diverti.

Ao correr das frias águas
Por costume os ais escuto,
Ai de mim! qual foi o fruto
Dessas mágoas que sofri?

Louco amante e sem ventura,
De ternura suspirando,
Vou buscando entre estas flores
Os amores que perdi.

No meu peito já crescidos
Uã tarde repousaram:
Suas lágrimas cessaram,
E os gemidos não senti.

Foi então, ó Glaura bela,
Foi então que me fugiram:
Eu clamei e não me ouviram!
Ímpia estrela em que nasci!

Louco amante e sem ventura,
De ternura suspirando,
Vou buscando entre estas flores
Os amores que perdi.

O AMANTE SAUDOSO

Rondó XXIII

Linda Glaura, os arvoredos
E os rochedos que já viste,
Tudo é triste e tudo sente
Meu ardente suspirar.

Quando os Risos e os Amores
Aparecem nos teus olhos,
Até d'ásperos abrolhos
Vejo flores rebentar.

Mas se deixas este prado,
Ai de mim! cruéis pesares!
Sinto escuro o Céu e os ares
E enlutado o bosque e o mar.

Linda Glaura, os arvoredos
E os rochedos que já viste, →

Tudo é triste e tudo sente
Meu ardente suspirar.

Não te alegra a curva praia,
Quando o Sol já se retira?
Não te move o som da lira
Que desmaia de chorar?

De que nasce o teu degosto?
Ah! permite que te vejam
Estes campos, que desejam
O teu rosto enamorar.

Linda Glaura, os arvoredos
E os rochedos que já viste,
Tudo é triste e tudo sente
Meu ardente suspirar.

No declívio deste monte,
Murmurando à sombra fria,
Da soberba penedia
Clara fonte desce ao mar.

Nessa gruta deleitosa
Doce Zéfiro te espera,
E a suave Primavera
Cuidadosa em te agradar.

Linda Glaura, os arvoredos
E os rochedos que já viste,
Tudo é triste e tudo sente
Meu ardente suspirar.

Destes vales foge a calma
No rigor do fero Estio:
Torna, ó bela, torna ao rio,
Vem minha alma consolar.

E eu verei, oh que ventura!
Neste plácido remanso
Os prazeres e o descanso
E a ternura triunfar.

Linda Glaura, os arvoredos
E os rochedos que já viste,
Tudo é triste e tudo sente
Meu ardente suspirar.

O PRAZER

Rondó XXIV

Sobre o feno recostado,
Descansado afino a lira,
Que respira com ternura
Na doçura do prazer.

Amo a simples Natureza:
Busquem outros a vaidade
Nos tumultos da cidade,
Na riqueza e no poder.

Desse pélago furioso
Não me assustam os perigos,
Nem dos ventos inimigos
O raivoso combater.

Sobre o feno recostado,
Descansado afino a lira, →

Que respira com ternura
Na doçura do prazer.

Pouca terra cultivada
Me agradece com seus frutos;
Mas os olhos tenho enxutos,
Quanto agrada assim viver!

O meu peito só deseja
Doce paz neste retiro;
Por delícias não suspiro,
Onde a inveja faz tremer.

Sobre o feno recostado,
Descansado afino a lira,
Que respira com ternura
Na doçura do prazer.

Pelas sombras venturosas
De fecundos arvoredos
Ouve Glaura os meus segredos,
Quando rosas vai colher.

Já o Amor com ferro duro
Não me assalta, nem me ofende:
Já suave o fogo acende,
E mais puro o sinto arder.

Sobre o feno recostado,
Descansado afino a lira,
Que respira com ternura
Na doçura do prazer.

Entre as graças e os Amores
Canto o Sol e a Primavera,
Que risonha vem da Esfera
Tudo em flores converter.

A inocência me acompanha;
Oh que bem! oh que tesouro!
Vejo alegre os dias de ouro
Na montanha renascer.

Sobre o feno recostado,
Descansado afino a lira,
Que respira com ternura
Na doçura do prazer.

A ALEGRIA

Rondó XXV

Sem o amor, ó Glaura, tudo
Era mudo e triste e feio;
Tudo cheio de alegria
Neste dia o vê tornar.

Vem contigo a formosura
E as delícias deste monte:
Dá valor ao prado, à fonte,
A ventura de te amar.

Noutro tempo a estéril serra
Teve a cor das minhas mágoas;
Hoje brilha o Sol nas águas,
Ri-se a terra, o Céu e o mar.

Sem o amor, ó Glaura, tudo
Era mudo e triste e feio; →

Tudo cheio de alegria
Neste dia o vê tornar.

Rude Fauno, que se esconde,
E de amor a voz escuta,
Dobra os ecos nesta gruta,
E responde a suspirar.

Quanto agrada ouvir desta ave
O gorjeio harmonioso,
E do Zéfiro amoroso
O suave respirar!

Sem o amor, ó Glaura, tudo
Era mudo e triste e feio;
Tudo cheio de alegria
Neste dia o vê tornar.

Coroada de mil flores,
Mostra a linda Citeréia
Alvo pé na ruiva areia,
Que os amores vêm beijar.

Desta rocha curva e alta
Pela tarde com descanso
Vejo, ó Ninfa, no remanso
Como salta o peixe ao ar!

Sem o amor, ó Glaura, tudo
Era mudo e triste e feio;
Tudo cheio de alegria
Neste dia o vê tornar.

Desatando as tranças de ouro
Surgirá brilhante a aurora,
Para ver a bela Flora
Seu tesouro derramar.

Ah! não fujas destes prados,
Onde amor há de seguir-te;
Mais não tenho que pedir-te,
Nem os Fados mais que dar.

Sem o amor, ó Glaura, tudo
Era mudo e triste e feio;
Tudo cheio de alegria
Neste dia o vê tornar.

O AMANTE SATISFEITO

Rondó XXVI

Canto alegre nesta gruta,
E me escuta o vale e o monte:
Se na fonte Glaura vejo,
Não desejo mais prazer.

Este rio sossegado,
Que das margens se enamora,
Vê coas lágrimas da Aurora
Bosque e prado florescer.

Puro Zéfiro amoroso
Abre as asas lisonjeiras,
E entre as folhas das mangueiras
Vai saudoso adormecer.

Canto alegre nesta gruta,
E me escuta o vale e o monte: →

*Se na fonte Glaura vejo,
Não desejo mais prazer.*

Novos sons o Fauno ouvindo,
Destro move o pé felpudo:
Cauteloso, agreste e mudo
Vem saindo por me ver.

Quanto vale uma capela
De jasmins, lírios e rosas,
Que coas Dríades mimosas
Glaura bela foi colher!

*Canto alegre nesta gruta,
E me escuta o vale e o monte:
Se na fonte Glaura vejo,
Não desejo mais prazer.*

Receou tristes agouros
A inocência abandonada;
E aqui veio retirada
Seus tesouros esconder.

O mortal, que em si não cabe,
Busque a paz de clima em clima;
Que os seus dons no campo estima,
Quem os sabe conhecer.

*Canto alegre nesta gruta,
E me escuta o vale e o monte:
Se na fonte Glaura vejo,
Não desejo mais prazer.*

Os metais adore o mundo;
Ame as pedras, com que sonha,
Do feliz Jequitinhonha,
Que em seu fundo as viu nascer.

Eu contente nestas brenhas
Amo Glaura e amo a lira,
Onde terno amor suspira,
Que estas penhas faz gemer.

Canto alegre nesta gruta,
E me escuta o vale e o monte:
Se na fonte Glaura vejo,
Não desejo mais prazer.

GLAURA DORMINDO

Rondó XXVII

Voai, Zéfiros mimosos,
Vagarosos com cautela;
Glaura bela está dormindo;
Quanto é lindo o meu amor!

Mais me elevam sobre o feno
Suas faces encarnadas,
Do que as rosas orvalhadas
Ao pequeno Beija-flor.

O descanso, a paz contente
Só respiram nestes montes:
Sombras, penhas, troncos, fontes,
Tudo sente um puro ardor.

Voai, Zéfiros mimosos,
Vagarosos com cautela; →

Glaura bela está dormindo;
Quanto é lindo o meu amor!

O silêncio, que nem ousa
Bocejar e só me escuta,
Mal se move nesta gruta,
E repousa sem rumor.

Leve sono, por piedade,
Ah derrama em tuas flores
O pesar, a mágoa, as dores,
E a saudade do Pastor!

Voai, Zéfiros mimosos,
Vagarosos com cautela;
Glaura bela está dormindo;
Quanto é lindo o meu amor!

Se nos mares aparece
Vênus terna e melindrosa,
Glaura, Glaura mais formosa
Lhe escurece o seu valor.

No vestido azul e nobre
É sem ouro e sem diamante,
Qual a filha de Taumante,
Que se cobre de esplendor.

Voai, Zéfiros mimosos,
Vagarosos com cautela;
Glaura bela está dormindo,
Quanto é lindo o meu amor!

É suave o seu agrado
A meus olhos nunca enxutos,
Como são os doces frutos
Ao cansado Lavrador.

Mas bem longe da ventura
Às mudanças vivo afeito,
Encontrando no teu peito
Já brandura e já rigor!

Voai, Zéfiros mimosos,
Vagarosos com cautela:
Glaura bela está dormindo;
Quanto é lindo o meu amor!

DEZEMBRO

Rondó XXVIII

Já Dezembro mais calmoso
Preguiçoso o giro inclina:
Ilumina o Céu rotundo,
Quer o mundo incendiar.

Vem, Pastora; aqui te esperam
Os prazeres deste rio;
Onde o Sol e o seco Estio
Não puderam penetrar,

Nuas graças te preparam
A conchinha transparente,
O coral rubro e luzente,
Que buscaram sobre o mar.

Já Dezembro mais calmoso
Preguiçoso o giro inclina: ➔

Ilumina o Céu rotundo,
Quer o mundo incendiar.

Entre os mimos e a frescura,
Entre as sombras e entre as águas,
Do Pastor as tristes mágoas,
E a ternura hás de encontrar.

Pelo golfo curvo e largo
Aparece a Deusa bela:
Ora a vaga se encapela,
Ora o pargo surge no ar.

Já Dezembro mais calmoso
Preguiçoso o giro inclina:
Ilumina o Céu rotundo,
Quer o mundo incendiar,

De me ouvir ao som desta aura,
Que meneia os arvoredos,
Aprenderam os rochedos
Glaura, Glaura! a suspirar.

Oh que doce amenidade!
Louras Dríades se ajuntam:
Por teus olhos me perguntam
Com saudade e sem cessar.

Já Dezembro mais calmoso
Preguiçoso o giro inclina:
Ilumina o Céu rotundo,
Quer o mundo incendiar.

Ah cruel! por que não vamos
Colher mangas preciosas,
Que prometem venturosas
Os seus ramos encurvar?

Se no abrigo destes prados
Não achares lindas flores,
Acharás os meus amores
Desgraçados a chorar.

Já Dezembro mais calmoso,
Preguiçoso o giro inclina:
Ilumina o Céu rotundo,
Quer o mundo incendiar.

O AMOR MUDADO EM ABELHA

Rondó XXIX

Tem o amor mil passadores
Entre as flores deste prado,
E mudado em leve abelha,
Se aparelha e já voou.

Implacável não descansa,
E eu, ó Ninfa, bem receio,
Que ele empregue no teu seio
A vingança que jurou.

Sai do néctar duma rosa...
Ah que abelha tão ferina!
Mal a vejo, e pequenina,
E raivosa me picou.

Tem o amor mil passadores
Entre as flores deste prado, →

E mudado em leve abelha,
Se aparelha e já voou.

Não há dor que mais inflame;
Infeliz! que em vivo fogo
Esmaguei a abelha, e logo
Num enxame se tornou!

Fui crivado de seus tiros:
Vi turbar-se o Céu sereno;
E o mortífero veneno
Em suspiros me afogou.

Tem o amor mil passadores
Entre as flores deste prado,
E mudado em leve abelha
Se aparelha e já voou.

Ai de mim! que desventura!
Que cruel melancolia!
Foge a paz, foge a alegria.
Que amarguras me deixou!

Solitário e pensativo,
Esmoreço nestes vales;
E o autor de tantos males
Vingativo se alegrou!

Tem o amor mil passadores
Entre as flores deste prado,
E mudado em leve abelha
Se aparelha e já voou.

Linda Glaura, não duvides
Que o meu peito aflito sente
Do Centauro o sangue ardente,
Com que Alcides se abrasou.

Sem cessar na intensa frágua
Cresce o mísero desgosto:
Só ao ver teu belo rosto
Minha mágoa se abrandou.

Tem o amor mil passadores
Entre as flores deste prado,
E mudado em leve abelha
Se aparelha e já voou.

O DESEJO

Rondó XXX

Meu desejo esconde o rosto
Por desgosto, a que condenas:
Ah! que as penas lhe arrancaste
E o lançaste, ó Glaura, ao mar!

Os Delfins compadecidos
Lhe dão vida nestas águas:
Dóris ouve os ais e as mágoas,
E os gemidos com pesar.

Hamadríades se apressam,
E nos braços o tomaram;
Flora e Zéfiro o levaram,
E não cessam de chorar.

Meu desejo inclina o rosto
Por desgosto, a que condenas: →

Ah! que as penas lhe arrancaste
E o lançaste, ó Glaura, ao mar!

Que te fez esse inocente
Em colher cheirosas flores,
Companheiro dos amores
Diligente no agradar?

Dos teus olhos namorado,
E ludíbrio da ventura,
Vinha amante (que ternura!)
Neste prado suspirar.

Meu desejo esconde o rosto
Por desgosto, a que condenas:
Ah! que as penas lhe arrancaste
E o lançaste, ó Glaura, ao mar!

Mil e mil de amor deliram
E se elevam sem limite,
Mais que as aves de Anfitrite,
Quando giram sobre o ar.

Só o aflito em vão sacode,
Abre em vão as asas suas:
Abre e mostra, que estão nuas,
Que não pode assim voar.

Meu desejo inclina o rosto
Por desgosto, a que condenas:
Ah! que as penas lhe arrancaste
E o lançaste, ó Glaura, ao mar!

Já oprimem do teu peito
Os rigores sempre injustos:
Já se entrega à dor, aos sustos
Satisfeito de te amar.

O infeliz não mais consumas:
Ache o riso em teu regaço;
E o verás num breve espaço
Lindas plumas renovar.

Meu desejo esconde o rosto
Por desgosto, a que condenas:
Ah! que as penas lhe arrancaste
E o lançaste, ó Glaura, ao mar!

OS CANTOS AMOROSOS

Rondó XXXI

Para ouvir cantar de amores
Os Pastores me buscaram;
Convidaram Ninfas belas;
Glaura entre elas me animou.

A alegria vi nos ares
E no bosque florescente:
Cantei de Hero o amor ardente
Quando aos mares se arrojou.

Ela vê nas tristes águas
O Abideno (ó Céus, conforto!),
Que afogado junto ao porto
Duras mágoas excitou.

Para ouvir cantar de amores
Os pastores me buscaram; →

Convidaram Ninfas belas;
Glaura entre elas me animou.

Cantei Tisbe delirante,
Que ao punhal entrega a vida:
A alma sai pela ferida,
E ao amante acompanhou.

Morreu Píramo enganado
E com ele a esposa morre:
O seu sangue unido corre,
E no prado congelou.

Para ouvir cantar de amores
Os pastores me buscaram;
Convidaram Ninfas belas;
Glaura entre elas me animou.

Cantei Dido, que suspira
Ao mover-se o mar e o vento:
E o seu bárbaro tormento
Logo em ira se mudou.

Só deseja o mortal dano
Infeliz e abandonada:
Abre o peito aguda espada,
Que o Troiano lhe deixou.

Para ouvir cantar de amores
Os pastores me buscaram;
Convidaram Ninfas belas;
Glaura entre elas me animou.

Cantei Glaura melindrosa,
Doce agrado e formosura;
Que no seio da ternura
Venturosa triunfou.

Tudo aplaude: e coa leve aura
O Favônio lisonjeiro
De boninas um chuveiro
Sobre Glaura derramou.

Para ouvir cantar de amores
Os pastores me buscaram;
Convidaram Ninfas belas;
Glaura entre elas me animou.

ECO

Rondó XXXII

Flébil Eco destas grutas,
Que me escutas rouca e triste,
Onde viste a bela Glaura
Feliz aura respirar?

Sobre as penhas, sobre os vales
Enviei ternos suspiros:
E dos ásperos retiros
Só meus males vi tornar.

Os suspiros lá morreram
Lagrimosos e cansados;
E a Pastora (ai desgraçados!)
Não puderam encontrar.

Flébil Eco destas grutas,
Que me escutas rouca e triste, →

Onde viste a linda Glaura
Feliz aura respirar?

Perguntei ao claro rio
Nos incultos arvoredos;
Respondeu-me entre os rochedos
O sombrio murmurar.

Acho a praia sem adorno:
E pergunto às tenras flores,
Ninguém viu os meus amores,
E inda torno a perguntar.

Flébil Eco destas grutas,
Que me escutas rouca e triste,
Onde viste a bela Glaura
Feliz aura respirar?

Pelo bosque se espalharam
Minhas queixas amorosas:
E coas Dríades saudosas
Começaram a chorar.

Nem o campo me contenta,
Nem os Zéfiros suaves:
Busco em vão as brandas aves,
Que afugenta o meu pesar.

Flébil Eco destas grutas,
Que me escutas rouca e triste,
Onde viste a linda Glaura
Feliz aura respirar?

Duro amor, ingrato e fero,
Que me oprimes noite e dia,
Se me levas a alegria,
Não espero mais gozar.

Verdes prados, pura fonte,
Tudo, ó Glaura, desprezaste:
Glaura! ah Glaura! e me deixaste
Neste monte a delirar!

Flébil Eco destas grutas,
Que me escutas rouca e triste,
Onde viste a linda Glaura
Feliz aura respirar?

O CAJUEIRO DO AMOR

Rondó XXXIII

*Vem, ó Ninfa, ao Cajueiro,
Que no outeiro desprezamos;
Que em seus ramos tortuosos
Amorosos frutos dá.*

Se desejas a frescura,
O seu tronco te convida,
E entre as folhas escondida
Aura pura e doce está.

Inda a mão do Estio ardente
Não crestou no campo as flores:
Vem, que a Deusa dos amores
Tua frente adornará.

*Vem, ó Ninfa, ao Cajueiro,
Que no outeiro desprezamos,* →

Que em seus ramos tortuosos
Amorosos frutos dá.

Lá chorando e namorada
Hamadríade te acena:
Sem socorro em sua pena
Desmaiada ficará.

Vem, consola por piedade
Os seus míseros gemidos,
E os seus ais, que enternecidos
De saudade morrem já.

Vem, ó Ninfa, ao Cajueiro,
Que no outeiro desprezamos,
Que em seus ramos tortuosos
Amorosos frutos dá.

Nele viu feliz minha alma
Triunfar o amor e a glória;
E em sinal desta vitória
Verde palma crescerá.

Voa triste o meu martírio,
E de longe turba os ares:
Semeei cruéis pesares,
Roxo lírio nascerá.

Vem, ó Ninfa, ao Cajueiro,
Que no outeiro desprezamos,
Que em seus ramos tortuosos
Amorosos frutos dá.

Vem tecer uma capela
Ao amor que nos inspira;
E na voz da curva lira
Glaura! bela soará.

Vês o amor e não o entendes?
Tem oculto ali seu ninho;
E te diz que é passarinho;
Se o não prendes, voará.

Vem, ó Ninfa, ao Cajueiro,
Que no outeiro desprezamos,
Que em seus ramos tortuosos
Amorosos frutos dá.

O AMOR IRADO

Rondó XXXIV

AMOR

Pela glória a que aspiraste
Desprezaste os meus tesouros:
De teus louros adornado,
Desgraçado, vai chorar.

PASTOR

Doce amor, benigno escuta
Por piedade as minhas queixas,
Terno amor! E assim me deixas
Nesta gruta a suspirar?

Ah! concede os teus favores;
Muda em riso o enfado, a ira;
Que eu prometo a branda lira
Aos amores dedicar.

AMOR

Pela glória a que aspiraste
Desprezaste os meus tesouros:
De teus louros adornado,
Desgraçado, vai chorar.

PASTOR

Desta fonte as puras águas
Já correram deleitosas;
Hoje tristes vêm saudosas
Minhas mágoas aumentar.

Co meus ais e meus lamentos
Todo o campo degenera,
E nem pode a Primavera
Meus tormentos consolar.

AMOR

Pela glória a que aspiraste
Desprezaste os meus tesouros:
De teus louros adornado,
Desgraçado, vai chorar.

PASTOR

Não quebrei farpões agudos
Da sonora tua aljava:
Teu poder que eu respeitava,
Via em tudo triunfar.

Não é grande a minha culpa
Em ter livre o peito um dia;
Glaura enfim não conhecia;
Tem desculpa o não amar.

AMOR

Pela glória a que aspiraste
Desprezaste os meus tesouros:
De teus louros adornado,
Desgraçado, vai chorar.

PASTOR

Inda os olhos não serenas?
Inda, Amor, comigo és fero?
Em vão choro, em vão espero
Minhas penas abrandar?

Já meu pranto os troncos move
Co estes lânguidos gemidos:
Ah não cerres os ouvidos,
Que é de Jove o perdoar!

AMOR

Pela glória a que aspiraste
Desprezaste os meus tesouros:
De teus louros adornado,
Desgraçado, vai chorar.

O DESGOSTO

Rondó XXXV

Se piedade, ó Glaura, sentes,
Não aumentes meu desgosto:
O teu rosto não me ocultes,
Não insultes meu penar.

A meus ais responde a brenha,
A meus ais enternecidos;
Inda vêm os meus gemidos
Nesta penha redobrar.

Só resiste a minhas dores
Esse peito ingrato e fero;
Infeliz! que em vão espero
Teus rigores abrandar.

Se piedade, ó Glaura, sentes,
Não aumentes meu desgosto: →

*O teu rosto não me ocultes,
Não insultes meu penar.*

Doure os Céus a luz brilhante;
Tudo ofusque a sombra escura,
Hás de ver-me sem ventura
Triste amante a suspirar.

Ah cruel! e assim me deixas
Neste bárbaro tormento?
Minhas mágoas, meu lamento,
Minhas queixas solto ao ar?

*Se piedade, ó Glaura, sentes,
Não aumentes meu desgosto:
O teu rosto não me ocultes,
Não insultes meu penar.*

Já se apartam névoas frias,
Ri-se o campo, ri-se a esfera:
Torna a doce Primavera...
Oh que dias vão raiar!

Ai de mim! que não consigo
Nem prazeres, nem descanso:
Foge o bem e não alcanço,
Vai comigo o meu pesar.

*Se piedade, ó Glaura, sentes,
Não aumentes meu desgosto:
O teu rosto não me ocultes,
Não insultes meu penar.*

Pensativo entre estas faias,
Aborreço o vale, os montes:
Não me alegram sombras, fontes,
Nem as praias, nem o mar.

O meu canto não respira
Na aspereza destas grutas;
Mas se tu me não escutas,
Fique a lira exposta ao ar.

Se piedade, ó Glaura, sentes,
Não aumentes meu desgosto:
O teu rosto não me ocultes,
Não insultes meu penar.

A PRIMAVERA

Rondó XXXVI

Vem, ó doce Primavera;
Já te espera a minha amada;
Não agrada triste Inverno
A meu terno e brando amor.

Negras nuvens amontoa
O chuvoso Sudoeste;
Move a cólera celeste,
Tudo atroa o seu furor.

Geme e em serras levantado
Bate o mar na rocha dura:
Perde o rumo sem ventura
Soçobrado o Pescador.

Vem, ó doce Primavera;
Já te espera a minha amada; →

Não agrada triste Inverno
A meu terno e grande amor.

Ameaça turvo o Rio.
Com estrondo a fonte desce;
E no céu só aparece
Euro frio estragador.

Nem da flauta, nem da lira
A sonora voz se escuta;
Solitária e feia a gruta
Não inspira mais que horror!

Vem, ó doce Primavera;
Já te espera a minha amada;
Não agrada triste Inverno
A meu terno e brando amor.

Glaura estima as belas flores,
Ama os Zéfiros suaves:
Quer ouvir no campo as aves
E os amores do Pastor.

Vejo Críade saudosa
Na Mangueira com desgosto,
Por não ver seu lindo rosto,
Que da rosa tem a cor.

Vem, ó doce Primavera;
Já te espera a minha amada;
Não agrada triste Inverno
A meu terno e brando amor.

Traze a Aurora cintilante,
Que, rompendo o véu escuro,
Mostre a Glaura novo e puro
Seu brilhante resplendor.

Nos seus olhos ressuscite
Destes montes a alegria;
Crescerá de dia em dia
Sem limite o meu ardor.

Vem, ó doce Primavera;
Já te espera a minha amada;
Não agrada triste Inverno
A meu terno e brando amor.

À MANGUEIRA

Rondó XXXVII

Carinhosa e doce, ó Glaura,
Vem esta aura lisonjeira,
E a Mangueira já florida
Nos convida a respirar.

Sobre a relva o sol dourado
Bebe as lágrimas da Aurora,
E suave os dons de Flora
Neste prado vê brotar.

Ri-se a fonte: e bela e pura
Sai dos ásperos rochedos,
Os pendentes arvoredos
Com brandura a namorar.

Carinhosa e doce, ó Glaura,
Vem esta aura lisonjeira; →

E a Mangueira já florida
Nos convida a respirar.

Com voz terna, harmoniosa
Canta alegre o passarinho,
Que defronte do seu ninho
Vem a esposa consolar.

Em festões os lírios trazem...
Ninfas, vinde... eu dou os braços;
Apertai de amor os laços,
Que me fazem suspirar.

Carinhosa e doce, ó Glaura,
Vem esta aura lisonjeira;
E a Mangueira já florida
Nos convida a respirar.

Vês das Graças o alvoroço?
Ah! prenderam entre flores
Os meus tímidos amores,
Que não posso desatar!

Como os cobre o casto pejo!
Mas os olhos inocentes
Inda mostram descontentes
O desejo de agradar.

Carinhosa e doce, ó Glaura,
Vem esta aura lisonjeira;
E a Mangueira já florida
Nos convida a respirar.

Vagaroso e com saudade,
Triste, lânguido e sombrio
Verdes bosques lava o rio
Sem vontade de os deixar.

Ao prazer as horas demos
Da Estação mais oportuna;
Que estes mimos da fortuna
Inda havemos de chorar.

Carinhosa e doce, ó Glaura,
Vem esta aura lisonjeira;
E a Mangueira já florida
Nos convida a respirar.

A ROSA

Rondó XXXVIII

Quanto, ó Ninfa, é venturosa
Essa rosa delicada!
Invejada no teu peito.
Satisfeito a vê o Amor!

Pediu Flora à Natureza
Ao vestir de novo os prados,
Que esmerasse os seus cuidados
Na beleza desta flor.

Logo abrindo as asas leves
Os Favônios a ampararam:
Nem as chuvas lhe tocaram,
Nem das neves o rigor.

Quanto, ó Ninfa, é venturosa
Essa rosa delicada! →

Invejada no teu peito.
Satisfeito a vê o Amor!

Ele foi Argos zeloso,
Que a guardava noite e dia;
E entre espinhos a escondia
Do amoroso Lavrador.

Nova abelha por sensível
Desse néctar à doçura,
Encontrou na seta dura
O terrível seu furor.

Quanto, ó Ninfa, é venturosa
Essa rosa delicada!
Invejada no teu peito.
Satisfeito a vê o Amor!

Se no adorno teu se emprega,
Vale mil e mil boninas;
Mas se o seio lhe destinas,
Nada chega ao seu valor.

Eu lhe vejo um só desgosto,
Que nas folhas mal encobre;
Pois conhece que é mais nobre
Do teu rosto a bela cor.

Quanto, ó Ninfa, é venturosa
Essa rosa delicada!
Invejada no teu peito.
Satisfeito a vê o Amor!

Que fortuna! a Rosa treme?...
Sonho? ó Glaura, eu não deliro:
Voa e foge o teu suspiro,
E não teme o ser traidor.

Vem, suspiro terno e mudo;
Vem, dissipa os meus temores;
Vence a rosa as outras flores,
Vença tudo o meu ardor.

Quanto, ó Ninfa, é venturosa
Essa rosa delicada!
Invejada no teu peito,
Satisfeito a vê o Amor!

À MARÉ

Rondó XXXIX

Se invejoso o amor te impede
Ver a rede no remanso,
Deixo o lanço; ah! que em demoras
Vão as horas da Maré!

Namorada Galatéia,
Que abrandou os negros mares,
Fugirá destes lugares,
Se na areia te não vê.

Tem de pérolas um fio
Nestes úmidos rochedos,
E mostrando os seus segredos,
Diz ao rio que tas dê.

Se invejoso o amor te impede
Ver a rede no remanso, →

Deixo o lanço; ah! que em demoras
Vão as horas da Maré!

Surda mágoa me consome
E o tormento mais se agrava,
Quando amor na rica aljava
O teu nome escrito lê.

Ai de mim! ó Vênus bela,
Que do amor tenho ciúmes!
Nada valem meus queixumes...
Choro e ela me não crê.

Se invejoso o amor te impede
Ver a rede no remanso,
Deixo o lanço; ah! que em demoras
Vão as horas da Maré!

Vi, ó Glaura... que prodígio!
Meu alento se perturba!...
Vi de amores linda turba
Num vestígio do teu pé.

Mas não te enchas de vaidade,
Que os amores são ligeiros;
Vão e tornam lisonjeiros
Sem verdade, ardor, nem fé.

Se invejoso o amor te impede
Ver a rede no remanso,
Deixo o lanço; ah! que em demoras
Vão as horas da Maré!

Ah cruel! por que te escondes
De quem só por ti desmaia?
Por que deixas esta praia?
Não respondes? ah! por quê?

Já feroz melancolia
Tolda o mar, cobre a espessura:
Para os mimos da ventura
Este dia já não é.

Se invejoso o amor te impede
Ver a rede no remanso,
Deixa o lanço; ah! que em demoras
Vão as horas da Maré!

O BOSQUE DO AMOR

Rondó XL

Dás-me, Amor, o que desejo;
Mas não vejo Glaura bela:
E sem ela... ah que eu deliro,
E suspiro sem cessar!

Entre o musgo a penha dura
Mostra azuis, mostra rosadas
As conchinhas delicadas
Com brandura a gotejar.

Sobre a fonte cristalina
Cedro anoso e curvo pende:
Namorado a rama estende,
E se inclina para o mar.

Dás-me, Amor, o que desejo;
Mas não vejo Glaura bela: →

E sem ela... ah que eu deliro,
E suspiro sem cessar!

Verdes choupos, verdes faias
Move Zéfiro brincando:
Louras Ninfas vêm nadando
Estas praias a beijar.

Vejo cândidos amores,
Vejo graças melindrosas,
E as abelhas preciosas,
Que nas flores vêm pousar.

Dás-me, Amor, o que desejo;
Mas não vejo Glaura bela:
E sem ela... ah que eu deliro,
E suspiro sem cessar!

Os prazeres mais suaves
Aqui voam noite e dia:
Ouço em vozes da alegria
Ternas aves modular.

Os agrados inocentes,
Que só viu a idade de ouro,
Nesta gruta o seu tesouro
Vêm contentes derramar.

Dás-me, Amor, o que desejo;
Mas não vejo Glaura bela:
E sem ela... ah que eu deliro,
E suspiro sem cessar!

Este bosque afortunado,
Que delícias mil ajunta,
Seja embora o de Amatunta
Dedicado à tutelar.

Voltarei, amor piedoso,
À minha áspera montanha:
Lá, se a Ninfa me acompanha,
Vou ditoso respirar.

Dás-me, amor, o que desejo;
Mas não vejo Glaura bela:
E sem ela... ah que eu deliro,
E suspiro sem cessar!

OS SEGREDOS DE AMOR

Rondó XLI

Vi Cupido, ó Glaura, um dia,
Em que ardia o Sol no prado,
E sentado entre arvoredos
Mil segredos me mostrou.

Suspirei ao ver nas flores
A desgraça e a ventura:
E inda mais quando a ternura
E os amores me afirmou.

Penso então absorto e mudo
Nos encantos da beleza,
Que risonha a natureza
Sobre tudo derramou.

Vi Cupido, ó Glaura, um dia,
Em que ardia o Sol no prado, →

E sentado entre arvoredos
Mil segredos me mostrou.

Entendi o som constante
Deste rio gracioso,
E o do Zéfiro saudoso,
Fino amante, me agradou.

Esta fonte despenhada
Também geme, também chora,
E dos troncos que enamora,
Apartada se queixou.

Vi Cupido, ó Glaura, um dia,
Em que ardia o Sol no prado,
E sentado entre arvoredos
Mil segredos me mostrou.

Se me vês enternecido
Ao rolar o pombo, atende,
Que a minha alma a voz lhe entende;
Pois Cupido me ensinou.

Frio peixe, bruta fera,
Veloz ave... ah quanto existe
Ao amor em vão resiste,
Que na esfera triunfou.

Vi Cupido, ó Glaura, um dia,
Em que ardia o Sol no prado,
E sentado entre arvoredos
Mil segredos me mostrou.

Ternos votos ele inflama
Em ardor suave e puro:
Corações de bronze duro
Noutra chama incendiou.

E sabendo que estes vales
Só me dão cruéis abrolhos,
Coa doçura dos teus olhos,
Os meus males abrandou.

Vi Cupido, ó Glaura, um dia,
Em que ardia o sol no prado,
E sentado entre arvoredos
Mil segredos me mostrou.

O BOSQUE DEDICADO AOS AMORES

Rondó XLII

Duros troncos, verde prado,
Matizado de mil flores,
Aos Amores vos dedico,
E aqui fico a suspirar.

Doce Amor aqui me inflama,
Descobrindo os seus segredos:
Eu ouvi entre os rochedos
Nova chama a preparar.

Quis fugir por estes vales;
Receei que ele me visse:
E risonho então me disse,
"Vou teus males abrandar."

Duros troncos, verde prado,
Matizado de mil flores, →

Aos Amores vos dedico,
E aqui fico a suspirar.

Este Rio vagoroso,
Que enamora as altas penhas,
Apartando-se das brenhas,
Vai saudoso para o mar.

Nesta gruta amor inspira
Os desejos mais suaves:
Sobre a planta, sobre as aves
Voa e gira sem cessar.

Duros troncos, verde prado,
Matizado de mil flores,
Aos Amores vos dedico,
E aqui fico a suspirar.

Nasce aqui mimoso o trevo,
E o serpão e a manjerona:
Os tributos de Pomona
Mal me atrevo a numerar.

Bela, cândida, inocente
A alegria sem queixumes
Os pesares e os ciúmes
Não consente aqui chegar.

Duros troncos, verde prado,
Matizado de mil flores,
Aos Amores vos dedico,
E aqui fico a suspirar.

Cos prazeres, coa ternura,
Coas delícias da floresta:
Glaura vem no ardor da sesta
A frescura respirar.

Deixarei aqui gravadas
Breves cifras amorosas,
E estes lírios e estas rosas,
Que enlaçadas há de achar.

Duros troncos, verde prado,
Matizado de mil flores,
Aos Amores vos dedico,
E aqui fico a suspirar.

O AMOR

Rondó XLIII

Meu peito se inflama,
Ó Ninfa, socorro,
Piedade, que eu morro
Na chama de Amor.

Se os dias serenas
Com doces vitórias,
Serão sempre glórias
As penas de Amor.

*Enxuga o meu pranto,
Que fráguas acende:
O Céu já se ofende
De tanto rigor.*

Triunfe a ternura
Nas cordas da lira, →

Que branda me inspira
Doçura de Amor.

Dá fim aos desgostos
Que nutre o receio,
E anima em teu seio
Os gostos de Amor.

Enxuga o meu pranto,
Que fráguas acende:
O Céu já se ofende
De tanto rigor.

Por ver que te agrava
Meu terno gemido,
O tinha escondido
Na aljava de Amor.

Mas entre pesares
Suspira, e te roga
Conforto, e se afoga
Nos mares de Amor.

Enxuga o meu pranto,
Que fráguas acende:
O Céu já se ofende
De tanto rigor.

Cantou passarinho
Com voz lisonjeira,
Que viu na mangueira
O ninho de Amor.

Alegra os rochedos,
E aprende desta ave
No canto suave
Segredos de Amor.

Enxuga o meu pranto,
Que fráguas acende:
O Céu já se ofende
De tanto rigor.

O monte me escuta,
Respondem as brenhas,
Que busque nas penhas
A gruta de Amor.

As mágoas contemplo
E a dor, que me cansa:
Envio a Esperança
Ao templo de Amor.

Enxuga o meu pranto,
Que fráguas acende:
O Céu já se ofende
De tanto rigor.

Vem ver nestes vales
Os mimos de Flora,
E o triste, que chora
Os males de Amor.

Respire a minha alma,
Que geme, que espera:
E ganhe em Citera
A palma de Amor.

Enxuga o meu pranto,
Que fráguas acende:
O Céu já se ofende
De tanto rigor.

Se amante anuncias
Prazeres ditosos;
Serão preciosos
Os dias de Amor.

Ah deixa os rigores,
Dar-te-ei, Glaura bela,
Em nova capela
Mil flores de Amor.

Enxuga o meu pranto,
Que fráguas acende:
O Céu já se ofende
De tanto rigor.

À AUSÊNCIA

Rondó XLIV

Musgosa e fria gruta,
Sombrios arvoredos,
De vós os meus segredos
Confia o terno Amor.

Ouvi, ó duras penhas;
Ouvi a minha dor.

Chorando a bela Glaura
Me teve nos seus braços:
Ah! que tão doces laços
Não viu jamais o amor!

Naquele triste dia
Morreu minha esperança;
Deixando na lembrança
Mais vivo o meu ardor.

Ouvi, ó duras penhas;
Ouvi a minha dor.

Eu vi nadar em pranto
Aqueles olhos belos,
E soltos os cabelos,
Com que brincava Amor.

Já rouca suspirando
De mágoa e de ternura,
Coa mão no peito jura
O mais constante ardor.

Ouvi, ó duras penhas;
Ouvi a minha dor.

Nas veias gela o sangue,
Se choras Glaura aflita:
O coração palpita,
E foge a viva cor.

Funesta desventura!
Cruel, ímpio desterro!
Por que de bronze ou ferro
Me não formaste, Amor?

Ouvi, ó duras penhas;
Ouvi a minha dor.

Por mim nos verdes troncos
Seu nome foi gravado;
Crescia o nome amado,
Crescia o meu amor.

Agora entre suspiros
Na fúnebre espessura
Lamento a sorte escura...
Ai, mísero Pastor!

    Ouvi, ó duras penhas;
    Ouvi a minha dor.

Nas Líbicas areias,
Ou sobre as neves frias,
Com ela alegre os dias
Passara sem temor.

Mas longe dos seus olhos,
Me assusta a morte avara,
E o mar que nos separa,
Separa o nosso amor.

    Ouvi, ó duras penhas;
    Ouvi a minha dor.

Sonora e branda Lira
Das Musas temperada,
Aqui serás deixada
Por vítima de Amor.

    Ouvi, ó duras penhas;
    Ouvi a minha dor.

OS SUSPIROS

Rondó XLV

Se algum dia, Glaura bela,
Visitar estes retiros;
Ouça os míseros suspiros,
Que infeliz entrego ao ar.`

Seja este áspero rochedo
Quem repita as minhas mágoas;
E o ruído destas águas
Quem lhe pinte o meu pesar.

    Ah! conserva, Amor, que ouviste
    O meu triste suspirar.

Guarda amante e compassiva
Flébil Eco, que me escutas,
Na aspereza destas grutas
Retratado o meu penar.

Aqui Glaura pela tarde
Que decline a calma espera,
Qual a Deusa de Citera,
Quando sai do fundo mar.

    Ah! conserva, Amor, que ouviste
    O meu triste suspirar.

A LIRA DESGRAÇADA

Rondó XLVI

Neste Louro pendurada
Ficarás, ó doce Lira,
Onde o vento, que respira,
Te fará soar de amor.

Feras, troncos e rochedos
Já moveste de ternura;
Só de Glaura sempre dura
Não abrandas o rigor!

> *Adeus, Lira desgraçada,*
> *Consagrada ao triste amor!*

Plantei na alma o puro agrado,
Que pendia dos teus olhos;
Vi nascer cruéis abrolhos,
Em lugar do terno amor!

Estes bosques, estas fontes,
Estas flores, este prado,
Tudo (oh! céus!) vejo mudado,
Tudo sente a minha dor!

Adeus, Lira desgraçada,
Consagrada ao triste amor.

AS GRAÇAS

Rondó XLVII

Se aparece Glaura bela,
Vejo as Graças melindrosas,
Que jasmins, lírios e rosas
Desfolhando alegres vêm.

O prazer dissipa as mágoas,
Os desgostos, e os ciúmes:
Enche o ar de mil perfumes,
Que nas brancas asas tem.

> *Leva, Amor, os meus gemidos*
> *Aos ouvidos do meu bem.*

De vós, Dríades formosas,
Saiba Glaura os meus amores;
Dai-lhe conchas, dai-lhe flores,
Dai-lhe lágrimas também.

Ah! pintai-lhe nesta fonte
Que será minha ventura,
Se nos braços da ternura
Deixe amante o seu desdém.

Leva, Amor, os meus gemidos
Aos ouvidos do meu bem.

A MÁGOA

Rondó XLVIII

Hamadríade me disse,
Que fugisse deste monte:
E na fonte e na floresta
Vi funesta a minha dor.

Sobre nuvens, e entre raios,
Oh que monstro! a Febre vinha,
E na mão por lanças tinha
Os desmaios, o terror.

Mais cruel a morte a segue,
Espantosa, feia e dura,
Que só vítimas procura,
Em que empregue o seu furor.

Hamadríade me disse,
Que fugisse deste monte, →

E na fonte e na floresta
Vi funesta a minha dor.

Geme o pálido desgosto,
Envolvido em negro manto:
Geme e chora, e no seu pranto
Cobre o rosto o triste Amor.

Tudo, oh Céus! tudo me assusta:
Temo... ai Ninfa desgraçada!
Temo Estrela sempre irada,
Sempre injusta em seu rigor.

Hamadríade me disse,
Que fugisse deste monte,
E na fonte e na floresta
Vi funesta a minha dor.

Cede Glaura, oh campo! oh lares!
Cede aos míseros destinos,
E em seus olhos cristalinos
Dos pesares vejo a cor.

Onde estão os doces laços?
Onde estão? ah! ver não quero!
Ai de mim! que mais espero
Já nos braços do pavor!

Hamadríade me disse,
Que fugisse deste monte,
E na fonte e na floresta
Vi funesta a minha dor.

O lamento, a mortal ânsia
Me acompanham nestes vales,
E esmorece em tantos males
A constância e o valor.

Se te oculta a terra fria;
Que farei nestes retiros?
Ouve, ó Glaura, ouve os suspiros,
Que te envia o teu pastor.

Hamadríade me disse,
Que fugisse deste monte,
E na fonte e na floresta
Vi funesta a minha dor.

O RIO

Rondó XLIX

Chora o Rio entre arvoredos,
Nos penedos recostado:
Chora o prado, chora o monte,
Chora a fonte, a praia, o mar.

Vêm as Graças lagrimosas,
E os Amores sem ventura
Nesta fria sepultura
Pranto e rosas derramar.

Por ti, Glaura, a Natureza
Se cobriu de mágoa e luto:
Quanto vejo, quanto escuto
É tristeza, e é pesar.

Chora o Rio entre arvoredos,
Nos penedos recostado: →

Chora o prado, chora o monte,
Chora a fonte, a praia, o mar.

A escondida, áspera furna
Deixam sátiros agrestes,
E de lúgubres ciprestes
Vem a urna circular.

Vêm saudades, vêm delírios,
Vem a dor, vem o desgosto
Cos cabelos sobre o rosto
Murta e lírios espalhar.

Chora o Rio entre arvoredos,
Nos penedos recostado;
Chora o prado, chora o monte,
Chora a fonte, a praia, o mar.

Nestes ramos flébil aura
Triste voa e presa gira:
Glaura aqui, e ali suspira,
Torna *Glaura* a suspirar.

Eco, as Dríades magoa,
O saudoso nome ouvindo;
E na gruta repetindo,
Glaura soa e geme o ar.

Chora o Rio entre arvoredos,
Nos penedos recostado:
Chora o prado, chora o monte,
Chora a fonte, a praia, o mar.

Glaura, ó Morte enfurecida,
Expirou... que crueldade!
E pudeste sem piedade
Sua vida arrebatar?

Cai a noite, a névoa grossa
Turba os Céus com manto escuro;
E eu aflito em vão procuro
Quem me possa consolar.

Chora o Rio entre arvoredos,
Nos penedos recostado:
Chora o prado, chora o monte,
Chora a fonte, a praia, o mar.

A LUA

Rondó L

Como vens tão vagarosa,
Ó formosa e branca Lua!
Vem coa tua luz serena
Minha pena consolar.

Geme (oh Céus!) mangueira antiga
Ao mover-se o rouco vento,
E renova o meu tormento,
Que me obriga a suspirar.

Entre pálidos desmaios
Me achará teu rosto lindo,
Que se eleva, refletindo
Puros raios sobre o mar.

Como vens tão vagarosa,
Ó formosa e branca Lua! →

Vem coa tua luz serena
Minha pena consolar.

Sente Glaura mortais dores:
Os prazeres se ocultaram,
E no seio lhe ficaram
Os Amores a chorar.

Infeliz! sem lenitivo
Foge tímida a esperança
E me aflige coa lembrança
Mais ativo o meu pesar.

Como vens tão vagarosa,
Ó formosa e branca Lua!
Vem coa tua luz serena
Minha pena consolar.

A cansada fantasia
Nesta triste escuridade,
Entregando-se à saudade,
Principia a delirar.

Já me assaltam, já me ferem
Melancólicos cuidados!
São espectros esfaimados,
Que me querem devorar.

Como vens tão vagarosa,
Ó formosa e branca Lua!
Vem coa tua luz serena
Minha pena consolar.

Oh que lúgubre gemido
Sai daquele cajueiro!
É do pássaro agoureiro
O sentido lamentar!

Puro Amor!... terrível forte!...
Glaura bela... infausto agouro!...
Ai de mim! e o meu tesouro,
Ímpia Morte, hás de roubar?

Como vens tão vagarosa,
Ó formosa e branca Lua!
Vem coa tua luz serena
Minha pena consolar.

A DOR

Rondó LI

Vive, ó Glaura, nestes vales
De meus males a memória:
Muda história que me pinta
Nunca extinta a mágoa, a dor.

Torno a ver este alto monte
E os antigos arvoredos:
Torno a ver estes rochedos,
E da fonte o puro humor.

Companheira das desgraças,
Tudo a morte desfigura:
Já voaram coa ventura
Ternas graças, brando Amor.

Vive, ó Glaura, nestes vales
De meus males a memória: →

Muda história que me pinta
Nunca extinta a mágoa, a dor.

O meu canto harmonioso
Estes bosques aprenderam,
Quando as Ninfas prometeram
Fim ditoso ao meu ardor.

Onde, ó bárbaro destino,
Onde estão as vãs promessas?
Na minha alma as deixa impressas,
O ferino teu rigor.

Vive, ó Glaura, nestes vales
De meus males a memória:
Muda história que me pinta
Nunca extinta a mágoa, a dor.

Amoroso os meus tributos
Neste ramo pendurava:
Eu fugia e Glaura achava
Ora os frutos, ora a flor.

Hoje, oh Céus! o meu espanto
Nestes fúnebres retiros
Vê saudades, vê suspiros,
Triste pranto e feio horror.

Vive, ó Glaura, nestes vales
De meus males a memória:
Muda história que me pinta
Nunca extinta a mágoa, a dor.

Nunca extinta!... ingrata Estrela!
Nunca mais eu hei de ver-te?
Ai de mim! e há de perder-te,
Glaura bela, o teu Pastor?

Só tu, Dríade, me escutas,
Encostada ao duro tronco!
E gemendo o Fauno bronco
Enche as grutas de pavor.

Vive, ó Glaura, nestes vales
De meus males a memória:
Muda história que me pinta
Nunca extinta a mágoa, a dor.

A ROSEIRA

Rondó LII

Ah! Roseira desgraçada,
Dedicada aos meus Amores,
Tuas flores mal se abriram,
E caíram de pesar!

Quando Glaura me dizia
Que era sua esta roseira,
De esperança lisonjeira
Me sentia consolar.

Mas a sorte, que invejosa
Este alívio não consente,
Não há mal que não invente,
Rigorosa em maltratar.

Ah! Roseira desgraçada,
Dedicada aos meus Amores, →

*Tuas flores mal se abriram,
E caíram de pesar!*

Da risonha Primavera
Esperei os dias belos:
Glaura... oh dor! os teus cabelos
Quem pudera coroar.

Já não vives, oh! que mágoa!
E a roseira que foi tua,
Eu a vejo estéril, nua,
Junto d'água desmaiar.

*Ah! Roseira desgraçada,
Dedicada aos meus Amores,
Tuas flores mal se abriram,
E caíram de pesar!*

Parca iníqua, atroz, funesta,
Era teu o infausto agouro;
Já levaste o meu tesouro,
Mais não resta que roubar.

Nem as flores permitiste...
Oh! que bárbara impiedade!
Fica só cruel saudade,
Fica o triste suspirar.

*Ah! Roseira desgraçada,
Dedicada aos meus Amores,
Tuas flores mal se abriram,
E caíram de pesar!*

De teus ramos a beleza
Era o mimo destes prados;
Move agora (ó ímpios Fados!),
De tristeza a lamentar.

Horrorosos são meus males;
Tudo encontro em névoa escura;
Vem comigo a Desventura
Estes vales assombrar.

Ah! Roseira desgraçada,
Dedicada aos meus Amores,
Tuas flores mal se abriram,
E caíram de pesar!

ORFEU

Rondó LIII

Quando a Esposa procuraste,
Abrandaste o Reino triste;
E inda viste a formosura
Sem ventura, ó doce Orfeu.

O trifauce Cão raivoso
Te escutou cheio de espanto:
O inflexível Radamanto
Lagrimoso se moveu.

Cai das mãos o fio à Parca:
Ergue atroz Megera a fronte:
Tua dor sentiu Caronte,
E da barca s'esqueceu.

Quando a Esposa procuraste,
Abrandaste o Reino triste, →

E inda viste a formosura
Sem ventura, ó doce Orfeu.

Come Tântalo esfaimado:
De Íxion se aparta o medo:
Deixa Sísifo o rochedo,
E sentado adormeceu.

Não temeste o vulto aflito
Da tartárea antiga Noite,
Que medonha o férreo açoite
No Cocito suspendeu.

Quando a Esposa procuraste,
Abrandaste o Reino triste,
E inda viste a formosura
Sem ventura, ó doce Orfeu.

Apesar do fero dano,
Só Eurídice buscavas:
Só Eurídice choravas,
E Sumano a concedeu.

Tu a vês saudoso e terno;
Ah! cruel e vão prodígio!
Foge a sombra pelo Estígio,
E no Averno enfim gemeu.

Quando a Esposa procuraste,
Abrandaste o Reino triste,
E inda viste a formosura
Sem ventura, ó doce Orfeu.

Glaura aqui... aqui se esconde
Vida, amor, gosto e beleza...
Glaura!... oh Céus! mortal tristeza
Me responde já morreu!

Mas infausta a morte gira
Sempre surda a meu lamento;
E de mágoa e de tormento
Rouca a lira emudeceu.

Quando a Esposa procuraste,
Abrandaste o Reino triste,
E inda viste a formosura
Sem ventura, ó doce Orfeu.

A ÁRVORE

Rondó LIV

Adeus, árvore frondosa,
Venturosa em toda a idade!
Oh saudade! oh pena! eu morro
Sem socorro a delirar!

Deste bosque alto e sombrio
Sobre a margem da floresta,
Vinha Glaura pela sesta
Vale e rio enamorar.

Tua Dríade a chamava,
Oh mangueira, oh dias belos!
E entre pomos amarelos
Me esperava a suspirar.

Adeus, árvore frondosa,
Venturosa em toda a idade! →

Oh saudade! oh pena! eu morro
Sem socorro a delirar!

Quando o vento estremecia
Nessa rama verde-escura,
Glaura cheia de ternura
Se afligia de esperar.

Os teus frutos mereceram
Ser por ela preferidos,
E o meu pranto e os meus gemidos
A souberam abrandar.

Adeus, árvore frondosa,
Venturosa em toda a idade!
Oh saudade! oh pena! eu morro
Sem socorro a delirar!

Morte iníqua... ai, Fado escuro!
Céu piedoso! eu esmoreço!
Tudo sente o que eu padeço;
Quanto é duro o meu penar!

Onde eu via as tenras flores,
Vejo cardos, vejo espinhos:
Já não ouço os passarinhos
Seus amores gorjear.

Adeus, árvore frondosa,
Venturosa em toda a idade!
Oh saudade! oh pena! eu morro
Sem socorro a delirar!

Ai de mim! oh vida triste!
Dor cruel! terna lembrança!
Acabou minha esperança,
Só existe o meu pesar.

Glaura! ah! Glaura! em vão te chamo!
Chora amor e quase expira,
E me manda a doce Lira
Neste ramo pendurar.

Adeus, árvore frondosa,
Venturosa em toda a idade!
Oh saudade! oh pena! eu morro
Sem socorro a delirar!

AS CORDEIRINHAS

Rondó LV

Cordeirinhas inocentes,
Descontentes na espessura,
A ventura já perdemos,
Comecemos a morrer.

Pôde, ó Glaura, o fatal dia
Arrancar-te dos meus braços!
Ai amor, ai ternos laços
Onde eu via o meu prazer.

Só por Glaura se alegravam
Faunos, Dríades, Pastores:
Estes campos, estas flores
Respiravam só de a ver.

Cordeirinhas inocentes,
Descontentes na espessura, →

*A ventura já perdemos,
Comecemos a morrer.*

Neste mísero destroço
Vem, ó Parca endurecida,
Corta os fios duma vida,
Que não posso já sofrer.

O silêncio triste e mudo
Vive nesta soledade,
Vive a fúnebre saudade,
Que faz tudo enternecer.

*Cordeirinhas inocentes,
Descontentes na espessura,
A ventura já perdemos,
Comecemos a morrer.*

Geme Glaura; mas não chora
Ai de mim! que o seu gemido,
Na minha alma repetido
Inda agora a faz tremer!

Quase imóvel e turbada
Coa mão trêmula m'acena;
Eu a vejo, oh Céus, que pena!
Descorada esmorecer.

*Cordeirinhas inocentes,
Descontentes na espessura,
A ventura já perdemos,
Comecemos a morrer.*

Disse enfim: "Adeus, oh Prados,
"Ah! Pastor! as crias belas...
"Que momento!... ah! possam elas
"Teus cuidados merecer!"

Falta a voz... não lhe permite
Fria morte; acerbas mágoas!
Já meus olhos não têm águas,
Nem limite o padecer.

Cordeirinhas inocentes,
Descontentes na espessura,
A ventura já perdemos,
Comecemos a morrer.

À MORTE

Rondó LVI

O Prazer, a singeleza,
A beleza, que em ti via,
Num só dia (ingrata sorte!),
Tudo a morte me roubou.

Esculpido na memória
Amo, ó Glaura, o teu semblante
Nele vejo a cada instante
Essa glória que passou.

Volve o rio as puras águas,
Vai correndo e não descansa;
Assim foi minha esperança,
E só mágoa me deixou.

O Prazer, a singeleza,
A beleza, que em ti via, →

Num só dia (ingrata sorte!),
Tudo a morte me roubou.

Neste bosque, em verde leito,
Que já foi por ti ditoso,
Leio o nome teu saudoso,
Que em meu peito o amor gravou.

Este monte, que já viste
Pelas Graças habitado,
Delas hoje desprezado,
Feio e triste se tornou.

O Prazer, a singeleza,
A beleza, que em ti via,
Num só dia (ingrata sorte!),
Tudo a morte me roubou.

Glaura chamo sem conforto,
E só Eco me responde:
Glaura busco e não sei onde,
Nem se morto ou vivo estou.

Assim triste passarinho
A consorte em vão procura,
Que farpada seta dura
Do seu ninho arrebatou.

O Prazer, a singeleza,
A beleza, que em ti via,
Num só dia (ingrata sorte!),
Tudo a morte me roubou.

Voraz tempo não consome,
Nem abranda meus pesares,
Nem eu deixo estes lugares
Que o teu nome eternizou.

Entre os côncavos rochedos
Chorarei enternecido,
Onde amor compadecido
Meus segredos sepultou.

O Prazer, a singeleza,
A beleza, que em ti via,
Num só dia (ingrata sorte!),
Tudo a morte me roubou.

A SAUDADE

Rondó LVII

Tudo, ó Glaura, tudo existe
Feio e triste de saudade:
Voa a idade e não consome
O teu nome e o meu amor.

Ai de mim! a noite escuta
Pavorosa o som das águas!
Turbarei coas minhas mágoas
Desta gruta o mudo horror.

Vem, ó morte, eu não m'espanto;
Vem cruel, armada e fera:
Rouco e fúnebre te espera
O meu pranto, a minha dor.

Tudo, ó Glaura, tudo existe
Feio e triste de saudade: ➔

Voa a idade e não consome
O teu nome e o meu amor.

Entre as mãos do Fado acerbo
Eu te vi desfalecida,
Qual a Pomba já ferida
Do soberbo, iníquo Açor.

Tal a ovelha mais formosa
Levas, tigre ensangüentado:
Assim rompes, tosco arado,
A mimosa e tenra flor.

Tudo, ó Glaura, tudo existe
Feio e triste de saudade:
Voa a idade e não consome
O teu nome e o meu amor.

Com pesar, e com desgosto.
Expirou minha alegria
Quando (oh Céus!), no infausto dia
O teu rosto vi sem cor.

Os teus olhos... ah! que eu sinto
Mais intensa a mágoa dura!
Eu os vi em sombra escura,
Já extinto o esplendor.

Tudo, ó Glaura, tudo existe
Feio e triste de saudade:
Voa a idade e não consome
O teu nome e o meu amor.

Sobre a penha aflito e terno
Gravarei funesta história;
E das Ninfas na memória
Fique eterno o meu ardor.

Cercarei de roxos lírios
O lugar em que descansas:
Ai, perdidas esperanças,
Vãos delírios do Pastor!

Tudo, ó Glaura, tudo existe
Feio e triste de saudade;
Voa a idade e não consome
O teu nome e o meu amor.

O SOL

Rondó LVIII

Quando vejo o Sol dourado
Desmaiado sobre as águas,
Crescem mágoas n'alma aflita,
E palpita o coração.

Oh! memória! oh! desventura!
Glaura aqui se demorava,
E comigo respirava
A frescura no verão.

Infeliz! já nestes montes
Deu à Parca o seu tributo;
Com saudade e eterno luto
Estas fontes chorarão.

Quando vejo o Sol dourado
Desmaiado sobre as águas, →

Crescem mágoas n'alma aflita,
E palpita o coração.

Risos, Graças (que tormento!)
Destes vales se apartaram,
E, fugindo, me deixaram
Só lamento e confusão.

Falta às Dríades mimosas
A beleza que perderam;
Pelos troncos se esconderam...
Lagrimosas inda estão!

Quando vejo o Sol dourado
Desmaiado sobre as águas,
Crescem mágoas n'alma aflita,
E palpita o coração.

Ah! depois que meu amores
Viram Glaura em férreo sono,
Não me alegra mais o Outono,
Nem das flores a Estação!

Busco fúnebres lugares
Nos penhascos desabridos:
Levo a dor, levo gemidos,
E pesares e aflição.

Quando vejo o Sol dourado
Desmaiado sobre as águas,
Crescem mágoas n'alma aflita,
E palpita o coração.

É tão bárbaro e tão fero
O rigor da minha sorte;
Que a funesta e surda morte
Triste espero e chamo em vão.

Doce amor! ah! que esta pena
Meus prazeres não restaura;
Ou me torna a linda Glaura,
Ou modera tal paixão!

Quando vejo o Sol dourado
Desmaiado sobre as águas,
Crescem mágoas n'alma aflita,
E palpita o coração.

A LIRA

Rondó LIX

Adeus, Lira; a mão cansada
Pendurada aqui te deixa,
E se queixa da ventura;
Ai, ternura! ai, doce Amor!

Já o Anfriso em rude teto
Te escutou, ó Lira d'ouro,
Quando viu o moço louro,
Que de Admeto foi pastor.

Pelas grutas esquecido,
Mudo sátiro te ouvia:
Brando Zéfiro atendia,
Suspendido e sem rumor.

Adeus, Lira; a mão cansada
Pendurada aqui te deixa, →

E se queixa da ventura;
Ai, ternura! ai, doce Amor!

Arrojado ao pego turvo,
Arion harmonioso
Foi contigo venturoso
Sobre o curvo nadador.

Viu nos úmidos lugares
Entre a turba sem limite,
Glaura, Dóris e Anfitrite,
E dos mares o senhor.

Adeus, Lira; a mão cansada
Pendurada aqui te deixa,
E se queixa da ventura;
Ai, ternura! ai, doce Amor!

Cos teus sons, mais do que humano
Comoveu os duros troncos,
Arrastou rochedos broncos
O Tebano fundador.

Tu venceste o carrancudo,
Negro Averno, sempre aflito;
E abrandaste do Cocito
O sanhudo ladrador.

Adeus, Lira; a mão cansada
Pendurada aqui te deixa,
E se queixa da ventura;
Ai, ternura! ai, doce Amor!

Geme agora; se é que viste
Expirar... e nos meus braços...
Glaura... oh Céus! oh! puros laços!
Dia triste! horrível dor!

Rouca a voz... o peito frio...
Vista incerta... ai, Glaura! oh! sorte!
Tremo... choro... insulto a morte,
Desafio o seu rigor.

Adeus, Lira; a mão cansada
Pendurada aqui te deixa,
E se queixa da ventura;
Ai, ternura! ai, doce Amor!

MADRIGAIS

I

Suave fonte pura,
Que desces murmurando sobre a areia,
Eu sei que a linda Glaura se recreia
Vendo em ti de seus olhos a ternura;
    Ela já te procura;
Ah! como vem formosa e sem desgosto!
    Não lhe pintes o rosto:
Pinta-lhe, ó clara fonte, por piedade,
Meu terno amor, minha infeliz saudade.

II

    Ninfas e belas Graças,
O Amor se oculta e não sabeis aonde:
    As vossas ameaças
Ele ouve, espreita, ri-se e não responde.
Mas, ah! cruel! e agora me traspassas?
    Ninfas e belas Graças,
O Amor se oculta; eu já vos mostro aonde;
Neste peito (ai de mim!), o Amor se esconde!

III

Voai, suspiros tristes;
Dizei à bela Glaura o que eu padeço,
    Dizei o que em mim vistes,
Que choro, que me abraso, que esmoreço.
Levai em roxas flores convertidos
Lagrimosos gemidos que me ouvistes:
    Voai, suspiros tristes;
    Levai minha saudade;
E, se amor ou piedade vos mereço,
Dizei à bela Glaura o que eu padeço.

IV

Dríade, tu que habitas amorosa
Da mangueira no tronco áspero e duro,
    Ah! recebe piedosa
A grinalda, que terno aqui penduro!
    Pela tarde calmosa
    Glaura saudosa e bela
Te busca, e vêm com ela mil amores;
Mil suspiros te deixo entre estas flores.

V

Folha por folha, e cheio de ternura
Beijarei esta Angélica mimosa,
    Beijarei esta Rosa,
Que hão de adornar de Glaura a formosura.
    Ah! ventura! ventura, →

Comigo sempre esquiva,
Mostra-te compassiva a meus amores.
    Beije Glaura estas flores,
    E os encontrados beijos
Dêem novo e puro ardor a meus desejos.

VI

    Neste áspero rochedo,
A quem imitas, Glaura sempre dura,
    Gravo o triste segredo
Dum amor extremoso e sem ventura.
    Os Faunos da espessura
    Com sentimento agreste
Aqui meu nome cubram de cipreste;
Ornem o teu as Ninfas amorosas
De goivos, de jasmins, lírios e rosas.

VII

    Ó sombra deleitosa,
Onde Glaura se abriga pela sesta,
Enquanto o ardor do Sol os prados cresta,
Ah! defende estes lírios e esta rosa.
    E se a Ninfa mimosa
Perguntar quem colheu as lindas flores,
    Ó sombra deleitosa,
    Dize-lhe que os amores
    E a tímida ternura
Do Pastor namorado e sem ventura.

VIII

Adeus, ó doce lira;
Ficarás neste ramo pendurada.
　Ao vento, que suspira,
Responda a tua voz triste e cansada.
　Já foste dedicada
Ao puro Amor, às Graças melindrosas:
　Elas gemem saudosas,
E o mísero Pastor chorando expira.
　Adeus, ó doce lira,
　　Fiel e desgraçada;
Ficarás neste ramo pendurada.

IX

Ó Mangueira feliz, verde e sombria,
Conserva estes de amor fiéis tributos;
Assim no seco Agosto a névoa fria
Não venha destruir teus novos frutos.
　É este o fausto dia,
Que viu nascer de Glaura a formosura:
　Chegue aos Céus a ternura
　Deste voto sincero;
　E alegre eu ver espero,
Que triunfem da sorte e de seus danos
A beleza, o amor, a glória, os anos.

X

Dias infaustos, dias de ventura
Notou o antigo povo, ó Glaura bela: →

Uns louvam sua estrela;
Outros chamam a sorte ingrata, escura.
Minha estrela benigna ou sorte dura
    Dos teus olhos depende:
Amor o sabe, e quem de amor entende;
Pois não pode haver dia venturoso,
    Se padeço saudoso;
    Nem dia desgraçado,
Se consigo feliz teu doce agrado.

XI

    Basta, basta: encalhemos,
    Sem fortuna e sem glória
Leve barquinho meu, ah! não deixemos
De mísero naufrágio triste história!
    Basta, basta: encalhemos;
E nos muros de Cnido por memória
De cansadas fadigas penduremos
    As âncoras, os remos,
O leme destroçado, as rotas velas,
Vão ludíbrio das hórridas procelas.

XII

    Suave Primavera,
    Coroada de flores,
    Oh! quem gozar pudera
O prazer venturoso dos Pastores!
Constante por meu mal nos seus rigores,
    Glaura por ti suspira, →

Ao campo se retira e lá te espera;
Suave Primavera,
Coroada de flores,
Vem risonha alegrar os meus amores.

XIII

Cruel melancolia,
Companheira infeliz da desventura,
Se aborreces a luz do claro dia,
E te alegras no horror da noite escura,
Minha dor te procura,
Pavorosa apalpando a escuridade,
A lúgubre saudade
Te espera: ah! não receies a alegria,
Cruel melancolia,
Cruel, ingrata e dura,
Companheira infeliz da desventura.

XIV

Do teu Pastor, ó Ninfa, alegra os olhos,
Os tristes olhos de chorar cansados:
Não vejam só abrolhos,
Vejam flores também por estes prados.
Seus míseros cuidados
O teu rosto converte em alegria.
Por que foges? ah! vem; e nesse dia
Feliz enxugue as lágrimas que chora.
Serás a bela Aurora,
Surgindo no horizonte,
Que anuncia prazer ao vale e ao monte.

XV

No ramo da mangueira venturosa
Triste emblema de amor gravei um dia,
E às Dríades saudoso oferecia
Os brandos lírios e a purpúrea rosa.
    Então Glaura mimosa
Chega do verde tronco ao doce abrigo...
    Encontra-se comigo...
Perturbada suspira, e cobre o rosto.
    Entre esperança e gosto
Deixo lírios e rosas... deixo tudo;
Mas ela foge (oh Céus!), e eu fico mudo.

XVI

Guarda, cruel Fortuna, poderosa
Os tesouros de Midas e os de Cresso;
Ouvindo as tristes mágoas que padeço,
Seja a insensível Glaura mais piedosa.
    Chore um dia saudosa,
Suspire de ternura neste prado,
E mude em doce agrado os seus rigores:
    Só por estes favores
Meu coração com rogos te importuna;
Guarda, cruel Fortuna; eu não te peço
Os tesouros de Midas, nem de Creso.

XVII

Glaura, formosa Glaura, estes momentos
    Como vão apressados! →

Não correram assim entre cuidados,
    E míseros lamentos.
    Puros contentamentos,
Que haveis de despertar minha saudade,
    Demorai por piedade
Esta glória de amor, esta ventura.
    Ai, suave ternura!
Em negro carro a noite desce agora,
E no Céu já cintila a branca Aurora.

XVIII

Suave Agosto as verdes laranjeiras
Vem feliz matizar de brancas flores,
Que, abrindo as leves asas lisonjeiras,
Já Zéfiro respira entre os Pastores.
Nova esperança alenta os meus ardores
    Nos braços da ternura.
    Ó dias de ventura,
Glaura vereis à sombra das mangueiras!
Suave Agosto, as verdes laranjeiras
    Coa turba dos Amores
Vem feliz matizar de brancas flores.

XIX

    Ó sono fugitivo,
De vermelhas papoulas coroado,
Torna, torna amoroso e compassivo
A consolar um triste e desgraçado.
Gemendo nesta gruta recostado, →

Sinto mortal desgosto;
Não vejo mais que o rosto descorado
Da saudade e da mágoa, com que vivo;
Ó sono fugitivo,
Torna, torna amoroso e suspirado
A consolar um triste e desgraçado.

XX

Não fujas, vem, ó Glaura,
Piedosa consolar o meu tormento.
Já terna e feliz aura
Brando respira o preguiçoso vento:
Já cobram novo alento
Os duros troncos, as mimosas flores.
Coas graças e os amores
Alegre a natureza se restaura;
Não fujas, vem, ó Glaura,
Vem por um só momento
Piedosa consolar o meu tormento.

XXI

Mostra-me, ó Glaura, a bela raridade
De três conchas formosas;
Mas eu te mostrarei da nossa idade
Três maravilhas raras e extremosas.
Não são metais, nem pedras preciosas,
Nem flores, que produz a Natureza:
São a tua beleza, os teus rigores,
E os desgraçados meus fiéis amores.

XXII

Já viste sobre o mar formando giros
D'aves ligeiras turba graciosa?
Assim vagam nos ares mil suspiros,
    Ó Glaura venturosa;
    Mas se queres piedosa
Recolher o que leva as minhas dores;
Não chames os que são de várias cores,
Nem verdes, nem azuis, nem cor-de-rosa;
Chama aquele que já cansado gira,
    Que expira de ternura,
E as asas roxas tem de mágoa pura.

XXIII

Copada Laranjeira, onde os Amores
Viram passar de Agosto os dias belos
    Então de brancas flores
Adornaste risonha os seus cabelos.
A fortuna propícia aos teus desvelos
Anuncia feliz novos favores:
Glaura torna: ah! conserva lisonjeira,
Copada Laranjeira por tributos
Na rama verde-escura os áureos frutos.

XXIV

Não desejo de Tempe o verde prado
Em perpétua e risonha Primavera:
O vale não desejo de Citera
Sempre de puros lírios esmaltado: →

Se chego a merecer teu doce agrado,
 Ó Glaura, que ventura!
 Nesta alegre espessura,
 À sombra recostado,
Veio de Tempe e de Citera as flores,
E as lindas Graças e os fiéis Amores.

XXV

 Suspiro lagrimoso
Que foges do meu peito sem ventura,
 Se queres ser ditoso,
A bela Glaura enternecer procura.
Mostra-lhe o doce amor, a mágoa pura,
 O mísero tormento,
Cruel tristeza e fúnebre lamento
 De quem morre saudoso:
 Suspiro lagrimoso,
 Se queres ter ventura,
A bela Glaura enternecer procura.

XXVI

Vês, Ninfa, em alva escuma o pego irado
Que as penhas bate com furor medonho?
Inda o verás risonho e namorado
Beijar da longa praia a ruiva areia:
 Dóris e Galatéia
Verás em concha azul sobre estas águas.
 Ah! Glaura! ai, tristes mágoas!
Sossega o mar quando repousa o vento;
Mas quando terá fim o meu tormento?

XXVII

Neste lugar saudoso,
Ó doce Lira, o puro amor cantemos;
　　Às grutas ensinemos
Da bela Glaura o nome venturoso.
Ao som do teu suspiro harmonioso
Parou o vento: a fonte não murmura.
Lira... Amor... que ternura! suspiremos
　　Neste lugar saudoso,
　　E às grutas ensinemos
Da bela Glaura o nome venturoso.

XXVIII

　　Crescei, mimosas flores,
Adornai a verdura deste prado.
Já Zéfiro aparece entre os Amores
　　Risonho e sossegado:
Da amável Primavera o doce agrado
Novo prazer inspira às Graças belas:
　　Verei brincar entre elas
A Ninfa mais cruel nos seus rigores.
　　Crescei, mimosas flores,
Fugiu o Inverno triste e congelado;
Adornai a verdura deste prado.

XXIX

Não desprezes, ó Glaura, entre estas flores,
Com que os prados matiza a bela Flora, →

O JAMBO, que os Amores
Colheram ao surgir a branca Aurora.
A Dríade suspira, geme e chora
    Aflita e desgraçada.
Ela foi despojada... os ais lhe escuto...
    Verás neste tributo,
Que por sorte feliz nasceu primeiro,
Ou fruto que roubou da rosa o cheiro,
Ou rosa transformada em doce fruto.

XXX

Rochedo suspirado,
Conserva por piedade estes gemidos,
Até que um dia Amor menos irado
Os leve em roxas flores convertidos.
Serão da bela Glaura recebidos;
Mas ai que o seu rigor não tem mudança,
E até falta a esperança ao desgraçado!
    Rochedo suspirado,
Já ouviste os meus ais enternecidos,
Conserva por piedade estes gemidos.

XXXI

Se eu conseguisse um dia o ser mudado
Em verde Beija-flor, oh! que ventura!
    Desprezara a ternura
Das belas flores no risonho prado.
    Alegre e namorado
Me verias, ó Glaura, em novos giros →

Exalar mil suspiros,
Roubando em tua face melindrosa
O doce néctar de purpúrea rosa.

XXXII

Jasmins e rosas tinha
Para adornar o tronco da mangueira:
À fonte Glaura vinha,
Escondi-me entre a rama lisonjeira:
Fiquei a tarde inteira
A ver as perfeições da minha amada;
Mas quando recostada
Principia a cantar os meus amores,
Deixo cair as flores,
Ela me vê e exala... que ventura!
Dois suspiros de amor e de ternura!

XXXIII

Temi, ó Glaura bela, os teus rigores,
O duro coração e o peito esquivo:
Cessou esse motivo dos temores,
Depois que me mostraste o puro agrado:
Ah! verei neste prado
Algum dia risonha a Primavera?
Doce prazer feliz minha alma espera;
Mas temo a sorte dura
Que inda pode roubar-me esta ventura.

XXXIV

Ditoso e brando vento, por piedade
Entrega à linda Glaura os meus suspiros;
　　E voltando os teus giros,
Vem depois consolar minha saudade.
Não queiras imitar a crueldade
Do injusto amor, da triste desventura,
Que empenhada procura o meu tormento.
　　Ditoso e brando vento,
　　Voa destes retiros,
E entrega à linda Glaura os meus suspiros.

XXXV

Sonhei que o duro Amor me conduzia
　　Da Gávea ao alto cume:
Que de lá me arrojava o fero Nume,
E entre penedos sobre o mar caía.
　　Cruel melancolia
Desde então me apresenta esta pintura.
Ai, Glaura! quanto temo a desventura,
E este sonho terrível que ameaça
Triste ruína e mísera desgraça!

XXXVI

　　Desejos voadores,
Levai à bela Glaura, os meus gemidos,
　　Levai enternecidos mil amores
　　　　Nesta purpúrea rosa: →

E se a Ninfa cruel e rigorosa
 Mostrar algum receio;
Ah! deixa-lhe cair no branco seio
Tristes saudades, lágrimas e dores.
 Desejos voadores
 De puro amor nascidos,
Levai à bela Glaura os meus gemidos.

XXXVII

 Inocentes Pastores,
Fugi, fugi de Amor que vos engana:
 Promete mil favores,
Enquanto aguça a seta desumana.
Vós o vereis depois com fúria insana
Corações abrasar em vivo lume:
 Vereis cruel ciúme,
Ânsias, cuidados, mágoas e temores.
 Inocentes Pastores,
Fugi, fugi de Amor que vos engana:
Cos lindos olhos da gentil Serrana.

XXXVIII

Aura benigna e pura, se eu pudera
 Coa mágoa, em que deliro,
Mover o coração da ingrata e fera...
Mas quem há de levar deste retiro
O meu terno suspiro à bela Glaura?
Aura! respondes, Ninfa, que me ouviste
Do seio triste dessa brenha escura →

Aura benigna e pura,
Ah! leva o meu suspiro lagrimoso,
E chegue a ser por ti mais venturoso!

XXXIX

Fugi, tristes cuidados,
Não é vossa de Amor a bela palma:
Deixa-me respirar dos verdes prados
A suave alegria em doce calma.
    Não turbeis a minha alma;
  Fugi, tristes cuidados:
Para fazer meus dias desgraçados
    Basta a cruel Fortuna,
Cruel, iníqua, bárbara, importuna.

XL

Não tardes, bela Glaura,
Vem colher neste prado as lindas flores:
Os risos e os Amores coa leve aura
Do Favônio suave já te esperam.
    As Dríades desceram
Deste bosque sombrio, e cuidadosas
Te preparam jasmins, lírios e rosas.
Meu triste alento e meus fiéis ardores
    Cos teus olhos restaura.
    Não tardes, bela Glaura,
Vem colher neste prado as lindas flores.

XLI

　　Em vão se esforce a ira
Dos fugitivos, ruinosos anos;
　　Isento de seus danos
Seja o voto de amor que amor inspira.
　　Pendente fique a lira
Neste ramo frondoso por memória
　　Da minha triste história;
Que eu não verei o fim de tantos males,
Oh Glaura! oh fonte! oh tronco! oh rio! oh vales!

XLII

Glaura, mimosa Glaura, deixa o monte;
Vem gozar a frescura deste prado:
　　Cai o sol desmaiado
Entre pálidas nuvens no horizonte.
O Zéfiro saudoso e namorado
Te espera, sobre as asas suspendido;
　　O meu terno gemido
Verás triste, infeliz quase afogado
　　Nas águas desta fonte.
Glaura, mimosa Glaura, deixa o monte,
Vem gozar a frescura deste prado.

XLIII

　　Suspiros já cansados,
Repousai por um pouco entre estas flores:
Glaura virá e os cândidos Amores →

A gozar a beleza destes prados.
Cai a sombra dos montes elevados:
Abranda o louro Sol os seus ardores:
    A flauta dos Pastores
Respira alegre em ecos alternados.
    Suspiros já cansados
    Coas minhas tristes dores,
Repousai por um pouco entre estas flores.

XLIV

    Não desmaies, ó rosa;
Que nasceste entre espinhos escondida.
Conserva a tua púrpura mimosa,
Até que sejas de outra mão colhida.
Glaura vem; puro Zéfiro a convida:
Virão com ela os Risos e os Amores
Colher no verde prado as lindas flores.
Ornarás seus cabelos venturosa:
    Não desmaies, ó rosa,
    Conserva-te escondida,
Até que sejas d'outra mão colhida.

XLV

Entre flores as Graças vi um dia
À sombra destes álamos frondosos:
Vi suaves prazeres amorosos,
E a Ventura, que prêmios repartia.
    Glaura amante me ouvia;
    Mas ah! que dessa glória →

Só existe a memória e o desejo!
Pois se Glaura não vejo neste prado,
Meu amor desgraçado em vão procuro
As Graças, os Prazeres e a Ventura.

XLVI

Ó garça voadora,
Se além do golfo inclinas os teus giros,
    Ah! leva os meus suspiros
À mais gentil Pastora desses montes!
Não temo que te enganes; prados, fontes,
    Tudo se ri com ela;
    Não é, não é tão bela,
Quando surge no Céu purpúrea Aurora;
    Ó garça voadora,
Se além do golfo inclinas os teus giros,
Ah! leva por piedade os meus suspiros!

XLVII

O inverno congelado
As montanhas cobriu de aguda neve,
Já nos úmidos ares enlutado
Coa noite se confunde o dia breve.
    Ai, Glaura! que este prado
Despojado se vê das belas flores!
Os Risos, os Prazeres e os Amores
    Choram por ti saudosos;
Torna a fazer meus dias venturosos:
Ah! se a glória de ver-te hoje tivera,
Hoje mesmo seria a Primavera.

XLVIII

Vem, ó Glaura mimosa,
O abrigo destes vales te convida:
Verás gruta escondida e deleitosa,
Que musgosa e feliz teu nome aprende.
Benigno o Amor defende estes outeiros:
    Não temas os chuveiros,
Nem que o raio estrondoso as nuvens abra,
Tocando o Sol na CABRA luminosa.
    Vem, ó Glaura mimosa,
    Doce ternura, e vida;
O abrigo destes vale te convida.

XLIX

    Flexível Jasmineiro,
Cobre os teus ramos de cheirosas flores:
    Favônio lisonjeiro
Já torna a ver as Ninfas e os Pastores.
Glaura, vem; terno Amor, ah! que favores
Não espera alcançar um puro amante?
    Neste ditoso instante
Foge veloz o ardente Fevereiro.
    Flexível Jasmineiro,
Cobre os teus ramos de cheirosas flores;
Que elas hão de adornar os meus Amores.

L

Ao longe a bela Glaura me aparece.
Não sei que resplendor nos ares vejo! →

O coração, a língua desfalece,
Entre suspiros voa o meu desejo!
    Em vão, em vão forcejo:
    Piedade, Amor, socorro;
Que de prazer e de ternura morro!
E se este puro efeito ao longe sinto,
Ao perto... oh Céus! que imagens n'alma pinto!

LI

    Cuidados tragadores,
Deixai-me respirar um só momento;
Que em mísero lamento e tristes dores
    Me vai fugindo a vida.
A sombra da mangueira me convida:
O Zéfiro mimoso, a fonte pura,
Tudo, tudo murmura de saudade!
Oh doce amenidade! oh gratas flores!
    Cuidados tragadores,
Deixai-me respirar um só momento;
Que eu já torno infeliz ao meu tormento.

LII

Em triste solidão, onde o deixaram,
Gemia Filoctetes sem ventura:
E só nas mesmas pontas, que o passaram,
Do seu dano cruel estava a cura.
    Assim (ai! sorte dura!)
Assim suspiro, ó Glaura, assim lamento;
Pois no dia feliz, em que me viram, →

Teus olhos me feriram,
E neste ardor violento
Só teus olhos abrandam meu tormento.

LIII

Tu és no campo, ó Rosa,
A flor de mais beleza
De quantas produziu a Natureza,
Que em tuas perfeições foi cuidadosa.
E se Glaura formosa
No seio dos prazeres te procura,
Qual outra flor será de mais ventura,
Ou mais digna de amor ou mais mimosa?
Tu és no campo, ó Rosa,
A flor de mais ventura e mais beleza
De quantas produziu a Natureza.

LIV

Aurora rutilante,
De quem foge assustada,
E triste e desmaiada a noite escura,
Tome contigo em carro de diamante
De novo dia a luz serena e pura.
Glaura espero... oh prazer! oh! que ventura
Para o saudoso amante!
Aurora rutilante
Vestida de mil cores,
Vem alegre animar os meus Amores.

LV

Ó Tempo! ó triste Morte,
Por quem tudo se acaba e se arruína,
    Cai o Cedro mais forte,
E a soberba montanha o colo inclina
    O braço, que fulmina,
Sujeita o Mundo ao vosso horrível corte.
    Ó Tempo, ó triste Morte,
Glaura expirou... quem julgará segura
A flor, a tenra flor da formosura?

LVI

Mortal saudade, é esta a sepultura;
    Já Glaura não existe;
Ah! como vejo triste em sombra escura
O campo, que alegravam os seus olhos!
Duros espinhos, ásperos abrolhos
    Vejo em lugar das flores:
    Chorai, ternos Amores,
Chorai comigo a infausta desventura
    É esta a sepultura:
Meu coração à mágoa não resiste
Glaura bela (ai de mim!) já não existe.

LVII

Ó águas dos meus olhos desgraçados,
Parai que não se abranda o meu tormento
    De que vale o lamento ➔

Se Glaura já não vive? Ai, duros Fados!
  Ai, míseros cuidados!
Que vos prometem minhas mágoas? ÁGUAS,
  ÁGUAS!... responde a gruta
E a Ninfa que me escuta nestes prados!
Ó águas dos meus olhos desgraçados,
Correi, correi; que na saudosa lida
Bem pouco há de durar tão triste vida.

RONDÓ

AO AUTOR

Toma a lira, Alcindo amado,
Neste prado a Glaura canta;
Ah! levanta a voz divina,
E me ensina a suspirar.

Para ouvir-te o Sol ardente
Fresca sombra nos procura:
O regato não murmura,
E a corrente faz parar.

Pelos ramos tortuosos
O silêncio enfreia as aves:
Brandos Zéfiros suaves
Vêm saudosos escutar.

Toma a lira, Alcindo amado,
Neste prado a Glaura canta;
Ah! levanta a voz divina,
E me ensina a suspirar.

Se no bosque, ou nas montanhas
Ruge a onça de ira acesa,
Tu lhe podes a fereza,
E as entranhas abrandar.

Doce o som dos teus acentos,
Como o mel que a abelha cria,
Move a tosca penedia,
Onde os ventos vão quebrar.

Toma a lira, Alcindo amado,
Neste prado a Glaura canta,
Ah! levanta a voz divina,
E me ensina a suspirar.

Aqui junto aos arvoredos
Deixa o pálido receio,
E não temas do teu seio
Mil segredos arrancar.

Nestes campos, nestes vales
A calúnia, e o monstro fero...
Mas, oh Céus! para que quero
Tristes males recordar.

Toma a lira, Alcindo amado,
Neste prado a Glaura canta;
Ah! levanta a voz divina,
E me ensina a suspirar.

Inda os olhos mal enxutos
De sentir os teus amores,
Virão cândidos pastores
Tenros frutos te ofertar.

Virão Ninfas da floresta
Louras, brancas e fermosas;
E trarão jasmins e rosas
Para a testa te enfeitar.

Toma a lira, Alcindo amado,
Neste prado a Glaura canta;
Ah! levanta a voz divina,
E me ensina a suspirar.

O DESERTOR

POEMA HERÓI-CÔMICO
POR
MANUEL INÁCIO
DA SILVA ALVARENGA.
NA ARCÁDIA ULTRAMARINA
ALCINDO PALMIRENO

DISCURSO SOBRE O POEMA HERÓI-CÔMICO

A imitação da Natureza, em que consiste toda a força da poesia, é o meio mais eficaz para mover e deleitar os homens; porque estes têm um inato amor à imitação, harmonia e ritmo. Aristóteles, que bem tinha estudado a origem das paixões, assim o afirma no cap. 4º da *Poética*. Este inato amor foi o que logo ao princípio ensinou a imitar o canto das Aves: ele depois foi o inventor da Flauta, e da Poesia, como felizmente exprimiu Lucrécio no liv. 1º, v. 1378.

> At liquidas avium voces imitarier ore
> Ante fuit multo, quam laevia carmina cantu
> Concelebrare homines possent, aureisque juvare.
> Et Zephyri, cava per calamorum, sibila primum
> Agrestes docuere cavas instare cicutas.

O prazer, que nos causam todas as artes imitadoras, é a mais segura prova deste princípio.

Mas assim como o sábio Pintor para mover a compaixão não representa um quadro alegre e risonho, também o hábil Poeta deve escolher para a sua imitação ações conducentes ao fim que se propõe: por isso o Épico, que pretende inspirar a admiração e o amor da virtude, imita uma ação na qual possam aparecer brilhantes o valor, a piedade, a constância, a prudência, o amor da Pátria, a veneração dos Príncipes, o respeito das Leis e os sentimentos da humanidade. O Trágico, que por meio do terror e da compaixão deseja purgar o que há de mais violento em as nossas paixões, escolhe ação onde possa ver-se o horror do crime acompanhado da infâmia, do temor, do remorso, da desesperação e do castigo: enquanto o Cômico acha nas ações vulgares um dilatado campo à irrisão, com que repreende os vícios.

Qual destas imitações consegue mais depressa o seu fim, é difícil o julgar, sendo tão diferentes os caracteres, como as inclinações; mas quase sempre o coração humano, regido pelas leis do seu amor-próprio, é mais fácil em ouvir a censura dos vícios, do que o louvor das virtudes alheias.

O poema chamado Herói-Cômico, porque abraça ao mesmo tempo uma e outra espécie de poesia, é a imitação de uma ação cômica heroicamente tratada. Este Poema pareceu monstruoso aos Críticos mais escrupulosos; porque se não pode (dizem eles) assinar o seu verdadeiro caráter. Isto é mais uma nota pueril, do que bem fundada crítica; pois a mistura do heróico e do cômico não envolve a contradição, que se acha na Tragicomédia, onde o terror e o riso mutuamente se destroem.

Não obsta a autoridade de Platão referida por muitos; porque quando este filósofo no Diálogo 3 de sua *República* parece dizer que são incompatíveis duas diversas imitações, fala expressamente dos Autores Trágicos e Cômicos, que jamais serão perfeitos em ambas.

Esta Poesia não foi desconhecida dos Antigos. Homero daria mais de um modelo digno da sua mão, se o tempo, que respeitou a *Batracomiomaquia*, deixasse chegar a nós o seu MARGITES, de que fala Aristóteles no cap. 4º da *Poética*, dizendo que este poema tinha com a comédia a mesma relação que a *Ilíada* com a Tragédia. O *Culex*, ou seja de Virgílio, ou de outro qualquer, não contribui pouco para confirmar a sua antiguidade.

Muitos são os poemas herói-cômicos modernos. A *Secchia rapita* de Tassoni é para os Italianos o mesmo que o *Lutrin* de Boileau para os Franceses, e o *Hudibraz* de Butler, e o *Rape of the lock* de Pope para os Ingleses.

Uns sujeitaram o poema herói-cômico a todos os preceitos da Epopéia, e quiseram que só diferisse pelo cômico da ação, e misturaram o ridículo e o sublime de tal sorte que, servindo um de realce a outro, fizeram aparecer novas belezas em ambos os gêneros. Outros omitindo, ou talvez desprezando algumas regras, abriram novos caminhos à sua engenhosa fantasia, e mostraram disfarçada com inocentes graciosidades a crítica mais insinuante, como M. Gresset no seu *Vertvert*.

Não faltou quem tratasse comicamente uma ação heróica; mas esta imitação não foi também recebida, ainda que a paródia da *Eneida,* de Scarron, possa servir de modelo.

É desnecessário trazer à memória a autoridade e o sucesso de tão ilustres Poetas para justificar o poema herói-cômico, quando não há quem duvide que ele, porque imita, move e deleita, e porque mostra ridículo o vício, e amável a Virtude, consegue o fim da verdadeira poesia.

Omne tulit punctum, qui miscuit utile dulci.
HORAT., *Poet.*, v. 342.

Discit en im citius, meminique libentiuns illud,
Quod quis deridet, quam quod probat, ac veneratur.
HORAT., *Epist.*

CANTO I

Musas, cantai o Desertor das letras,
Que, depois dos estragos da ignorância[1],
Por longos e duríssimos trabalhos
Conduziu sempre firme os companheiros
Desde o louro Mondego, aos pátrios montes.
Em vão se opõem as luzes da Verdade
Ao fim, que já na idéia tem proposto:
E em vão do Tio as iras o ameaçam.

E tu, que à sombra duma mão benigna,
Gênio da Lusitânia, no teu seio
De novo alentas as amáveis Artes;
Se ao surgir do letargo vergonhoso
Não receias pisar da Glória a estrada,
Dirige o meu batel, que as velas solta,
O porto deixa, e rompe os vastos mares
De perigosas Sirtes povoados.

---

1. Depois de abolidos os velhos Estatutos pela criação da nova Universidade.

Quais seriam as causas, quais os meios
Por que Gonçalo renuncia os livros?
Os conselhos e indústrias da Ignorância
O fizeram curvar ao peso enorme
De tão difícil e arriscada empresa.
E tanto pode a rústica progênie![2]

A vós, por quem a Pátria altiva enlaça
Entre as penas vermelhas e amarelas
Honrosas palmas e sagrados louros,
Firme coluna, escudo impenetrável
Aos assaltos do Abuso e da Ignorância,
A vós pertence o proteger meus versos.
Consenti que eles voem sem receio
Vaidosos de levar o vosso nome
Aos apartados climas, onde chegam
Os ecos imortais da Lusa glória.

Já o invicto Marquês[3] com régia pompa
Da risonha Cidade avista os muros.
Já toca a larga ponte em áureo coche.
Ali junta a brilhante Infantaria;
Ao rouco som de música guerreira
Troveja por espaços: a Justiça
Fecunda mãe da Paz e da Abundância, →

---

2. Virg., *AEn.*, 1. I:
    Tantaene animis coelestibus irae!
M. Despréaux no canto I do *Lutrin*:
    Tant de fiel entre-t-il dans l'âme des Dévots!
3. O Ilustríssimo e Excelentíssimo Senhor Marquês de Pombal entrou em Coimbra como Plenipotenciário, e Lugar-Tenente de Sua Majestade Fidelíssima para a criação da Universidade, em 22 de setembro de 1772.

Vem a seu lado: as Filhas da Memória
Digna imortal coroa lhe oferecem,
Prêmio de seus trabalhos: as Ciências
Tornam com ele aos ares do Mondego;
E a Verdade entre júbilos o aclama
Restaurador do seu império antigo.
Brilhante luz, paterna liberdade,
Vós, que fostes num dia sepultadas
Co bravo Rei[4] nos campos de Marrocos,
Quando traidoras, ímpias mãos o armaram
Vítima ilustre de ambição alheia,
Tornai, tornai a nós. Da régia estirpe
Renasce o vingador da antiga afronta[5].
Assim o novo Cipião crescia[6]
Para terror da bárbara Cartago.
Possam meus olhos ver o Ismaelita[7]
Nadar em sangue, e pálido de susto
Fugir da morte e mendigar cadeias;
E amontoando Luas sobre alfanges
Formar degraus ao Trono Lusitano.
Dissiparam-se as trevas horrorosas,
Que os belos horizontes assombravam,
E a suspirada luz nos aparece. →

---

4. O senhor rei D. Sebastião ficou em África no ano de 1578, e se perdeu com ele a liberdade portuguesa, donde nasceram as funestas conseqüências que até agora se fizeram sentir.

5. O Sereníssimo Senhor D. José, Príncipe herdeiro.

6. Publio Cornélio Cipião vingou a morte de seu Pai e Tio destruindo Cartago.

7. Os Mouros são descendentes de Ismael, filho de Agar.

Tal depois que raivoso e sibilante
Sobre o carro da Noite o Euro açoita[8]
Os tardios cavallos de Bootes[9],
E insulta as terras e revolve os mares,
Raia a manhã serena entre douradas
E brancas nuvens: ri-se o Céu e a Terra;
O Vento dorme e as Horas vigilantes
Abrem ao claro Sol a azul campanha.

A soberba Ignorância entanto observa,
E se confunde ao ver o próprio trono
Abalar-se e cair: o seu ruído
Redobra os ecos nos opostos vales
E o Mondego feliz ao mar undoso
Leva alegre a notícia, porque chegue
Das suas praias aos confins da Terra.
Ela abatida e só não acha abrigo,
E desta sorte em seu temor suspira:

"Verei eu sepultar-se entre ruínas
O meu reino, o meu nome e a minha glória;
Depois de ser temida e respeitada?
Pobre resto de míseros vassalos
Não há mais que esperar. Já fui rainha:
Já fostes venturosos: não soframos
As injúrias que o vulgo nos prepara:
Injúrias mais cruéis do que a desgraça.
Deixemos para sempre estes terríveis →

---

8. Euro, o vento vulgarmente chamado Leste, Bootes, constelação na cauda da Ursa, ou a Guarda.

9. Juvenal, Sat. 5., v. 23:
   Frigida Circumagunt pigri Sarraca Bootae.

Climas de mágoa, susto, horror e estrago.
Mostrai-me algum lugar desconhecido,
Onde oculta repouse, até que possa
Tomar de quem me ofende alta vingança.
Mas onde, se um Prelado formidável[10]
Esse Argos[11], que me assusta, vigilante
Ao lugar mais remoto estende a vista?
Monstros do cego abismo, em meu socorro
Empenhai o poder do vosso braço;
Que se entre os homens me faltar asilo,
Ao triste vão dos ásperos rochedos,
Onde o Tenaro[12] escuro e cavernoso
Da morada sombria as portas abre,
Irei chorar meus dias sem ventura:
Irei... "Assim falando misturava
Gemidos e soluços, que sufocam
Dentro do peito a voz, e umedecia
Co pranto amargo a face descorada.
Mas logo, serenando o rosto aflito,
Corre por entre sustos e esperanças
Ao caro abrigo do fiel Gonçalo.
A sonolenta, a pigra Ociosidade
Por esta vez deixou de acompanhá-la:
E a lânguida Preguiça forcejando
Pôde apenas segui-la com os olhos.

---

10. O Ilustríssimo e Excelentíssimo Senhor Bispo de Coimbra, Reitor e Reformador da Universidade.

11. Argos fingiu a fábula ser pastor do Tessália, que tinha cem olhos, a quem Juno deu a guardar Io, filha de Inaco, rei dos Argivos.

12. Promontório de Lacaônia, onde há uma cova profundíssima, que os antigos chamaram a porta do Inferno. Virg., *Georg.* I 4., v. 467:
   Taenarias etiam fauces alta ostia Ditis.

Toma a forma dum célebre antiquário
Sebastianista acérrimo, incansável,
Libertino com capa de devoto.
Tem macilento o rosto, os olhos vivos,
Pesado o ventre, o passo vagaroso:
Nunca trajou à moda: uma casaca
Da cor da noite o veste, e traz pendentes
Largos canhões do tempo dos Afonsos.
Dizem que o tempo da mais bela idade
Consagrou às questões do Peripato.
Já viu passar dez lustros e experiente
Sabe enredos urdir e pôr-se em salvo.
Entra por toda a parte, e em toda a parte
É conhecido o nome de Tibúrcio.

Gonçalo, que foi sempre desejoso
Da mais bela instrução, lia e relia
Ora os longos acasos de Rosaura[13],
Ora as tristes desgraças de Florinda,
E sempre se detinha com mais gosto
Na cova Tristiféia, e na passagem
Da perigosa ponte de Mantible.
Repetia de cor de Albano as queixas,
Chamando a Damiana injusta, ingrata;
Quanto Tibúrcio apaixonado e triste
Ralhando entrou: "Que esperas tu dos livros?
Crês que ainda apareçam grandes homens
Por estas invenções, com que se apartam
Da profunda ciência dos antigos?
Morreram as *postillas* e os *Cadernos*; →

---

13. *Carlos e Rosaura*, *Constante Florinda* e *Carlos Magno* são romances muito conhecidos.

Caiu de todo a *Ponte*[14], e se acabaram
As *distinções*, que tudo defendiam,
E o *ergo*, que fará saudade a muitos!
Noutro tempo dos Sábios era a língua
Forma e mais *forma*; tudo enfim se acaba,
Ou se muda em pior. Que alegres dias
Não foram os de Maio, quando a estrada
Se enchia de Arrieiros e Estudantes!
Ó tempo alegre e bem-aventurado!
Que fácil era então o azul Capelo
Adornado de franjas e alamares,
O rico anel e a flutuante borla,
Honra e fortuna, que chegava a todos!
Hoje é grande a carreira, e serão raros
Os que se atrevam a tocar a meta:
Ah Gonçalo! Gonçalo! Que mais vale
Tirar coa própria mão no fértil Souto
Moles castanhas do espinhoso ouriço!
Quanto é doce ao voltar da Primavera
O saboroso mel no louro favo!
Ó alegre e famosa Mioselha,
Fértil em queijos, fértil em tramoços!
Só lá de romaria em romaria
Podes viver feliz e descansado:
Quem te obriga a levar sobre os teus ombros
O desmedido peso, que te espera?
Não tenhas do bom Tio algum receio:
Comigo irás: bem sabes quanto posso.
Se te envergonhas de ser só, descansa;
Fiel parente, amigo inseparável
Eu farei que abraçando o mesmo exemplo
Muitos se apressem a seguir teus passos."

---

14. O método escolástico. Quem conheceu a lógica peripatética, não ignora qual seja esta ponte.

Assim falava: quando um ar de riso
Apareceu no rosto de Gonçalo,
Tudo o que se deseja se acredita;
Nem há quem o seu gosto desaprove.
Ele porque já traz no pensamento
Poupar-se dos estudos à fadiga
Não vacila na escolha e se aproveita
Da feliz ocasião, que lhe assegura
O meditado fim de seus desejos.

Convocam-se os heróis, e deliberam
Em pleno consistório, onde Gonçalo
Silêncio pede e assim a todos fala.
"Heróis, a quem uma alma livre anima,
Que desprezando as Artes e as Ciências,
Ides buscar da Pátria no regaço
Longe da sujeição e da fadiga
Doce descanso, amável liberdade:
Se algum de vós (o que eu não creio) ainda
Tem nalma o vão desejo dos estudos,
Levante o dedo ao alto." Uns para os outros
Olharam de repente, e de repente
Rouco e brando sussurro ao ar se espalha:
Qual nos bosques de Tempe[15], ou nas frondosas
Margens, que banha o plácido Mondego,
Costuma ouvir-se o Zéfiro suave,
Quando meneia os álamos sombrios.
Nenhum alçou a mão, e a Ignorância
Pareceu consolar-se, imaginando
Sonhadas glórias de futuro império.

---

15. Lugar de Tessália célebre pela amenidade dos seus bosques.

Dispõe-se a companhia, e se aparelha
Para partir antes que o Sol desate
Sobre a terra orvalhada as tranças d'ouro.
Tibúrcio tudo apronta. Mas Janeiro,
Loquaz, traidor, doméstico inimigo,
Voa de casa em casa publicando
Da forte esquadra a próxima partida.

Guiomar, velha que há muito que insensível
Às delícias do amor, aferrolhando
Emagrece nos míseros cuidados
Da faminta ambição, e é na Cidade
Uma ave de rapina, que entre as unhas
Leva tudo o que encontra aos ermos cumes
Da escalvada montanha, onde a festejam
Coa boca aberta os ávidos filhinhos:
Triste agora e infeliz ouve e se assusta
Das notíciais cruéis, que o moço espalha.
"Ó Ama desgraçada! Ó dia infausto!
Agora que esperava mais sossego,
Principiam de novo os meus trabalhos!"
Estas e outras palavras arrancava
Do peito descontente, enquanto a filha
Amorosa e sagaz estuda os meios,
Com que possa deter o ingrato amante:
Faz ajuntar de partes mil a pressa
Cordões e anéis, e a pedra reluzente,
Que os olhos desafia: os seus cabelos,
Que desconhecem o toucado, empasta
Coa cheirosa pomada: a Mãe se lembra
Da própria mocidade, e lhe vai pondo
Com a trêmula mão vermelhas fitas.
Simples noiva da aldeia, que ao mover-se →

Teme perder o desusado adorno,
Nunca formou mais vagarosa os passos.
Narcisa chega entre raivosa e triste,
E fingindo esquecer-se da mantilha
Para mostrar-se irada, desta sorte
Em alta voz lhe fala. "Será certo
Que pretendes fugir, e que me deixas
Infeliz, enganada e descontente?
Assim faltas cruel, pérfido, ingrato
Dum longo amor aos ternos juramentos?
Não disseste mil vezes... mas que importa
Que os meus males recorde? enfim, perjuro,
As tuas vãs promessas me enganaram.
Justiça pedirei ao Céu e ao Mundo:
O mundo tem prisões, o Céu tem raios."

Falava; e o herói, que arrasta ainda
Dum incômodo amor os duros ferros
Parece vacilar; quando Tibúrcio
Dá conselhos a um, a outro ameaça
Pondo irados os olhos em Narcisa.
Diz-lhe que em vão suspira, que em vão chora
E que sempre tiveram as mulheres
Para enganar aos míseros amantes
As lágrimas no rosto, o riso na alma.
Gonçalo então, que o seu dever conhece,
Dá provas de valor e de prudência.
"Ouve, Narcisa bela (lhe dizia),
Serena a tua dor e os teus queixumes:
O teu pranto me move, injusto pranto,
Que o meu constante amor de ingrato acusa:
Sossega: a nova herança dum morgado
É quem me chama, a ausência será breve, →

Tempo depois virá, que em doces laços
Eterno amor as nossas almas prenda,
E então farás tibornas[16] e magustos[17].
Nem sempre cobre o mar a longa praia;
Nem sempre o vento com furor raivoso
Do robusto pinheiro e tronco açoita."

Acaba de falar, e lhe oferece
A leve bolsa, que Narcisa aceita,
Como penhor sincero de amizade,
Bolsa que deve ser na dura ausência
Breve consolação de tristes mágoas.

O experto amigo, que se mostra em tudo
Companheiro fiel, com os olhos tristes,
Pondera os longos e ásperos caminhos:
Lembra funestas noites de estalagem,
E adverte em vão que ao menos por cautela
Deve fazer-lhe a bolsa companhia.
Deixando enfim inúteis argumentos
Remete a decisão ao próprio braço.
Não se esquecem das unhas, nem dos dentes
Armas que a todos deu a natureza.
Ouvem-se pela casa em som confuso
As truncadas injúrias e os queixumes.
Assim dois cães, se o hóspede imprudente
Lança da mesa os ossos esburgados,
Prontos avançam; duma e doutra parte
Se vê firme o valor: mordem-se e rosnam;
Mas não cessa a contenda. Amigo e amante, →

---

16. Comida feita de pão e azeite novo.
17. Castanhas assadas e vinho.

Que farias Gonçalo em tanto aperto?
Concorre a plebe e o férvido tumulto
Vai pelas negras fúrias conduzido,
Despertando nos peitos a desordem.
Ninguém sabe por quê, mas todos gritam.
Já voam as cadeiras pelos ares:
Pedras e paus de longe se arremessam.
E se a cândida Paz com rosto alegre
Serenou as desgraças deste dia,
Os teus dentes, intrépido Gonçalo,
Viste voar em negro sangue envoltos.
Torna alegre Narcisa, e cinco vezes
Abriu a bolsa e numerou a prata:
Fez diversas porções, que num momento
Tornou a confundir: não doutra sorte
O menino impaciente e cobiçoso,
Quando alcança o que há muito lhe negavam,
Repara, volta, move, ajunta, espalha,
E neste giro o seu prazer sustenta.

Entanto a mãe, que já por experiência
Os enganos conhece mais ocultos,
Busca novos pretextos de vingança,
Fingindo torpes e horrorosos crimes,
E espera ouvir gemer em poucas horas
O mancebo infeliz em prisão dura.
Mas Rodrigo, que ouviu o rumor vago
À pressa chega e desta sorte fala.

"Que desgraças te esperam! foge, foge,
Gonçalo, enquanto há tempo: gente armada
Vem logo contra ti. Guiomar convoca
Todo o poder do mundo: um só momento →

Não percas, caro amigo; os companheiros
Com alvoroço esperam. Ah deixemos,
Deixemos duma vez estas paredes,
Onde co próprio sangue escrita deixas
De teu trágico amor a breve história.
É já outro o Mondego: a liberdade
Destes campos fugiu, e só ficaram
A dura sujeição e o triste estudo.
Enfim hei de apartar-me desta sorte?"
"Oh sempre tristes, sempre amargos sejam
Os teus últimos dias, velha infame."
Gonçalo assim chorando, monta e parte.

CANTO II

Com largo passo longe do Mondego
Alegre a forte gente caminhava.
Gonçalo excede a todos na estatura,
Na força, no valor e na destreza.
Sobre um magro jumento se escarrancha
Tibúrcio, e já dum ramo de salgueiro
Desata ao norte fresco, que assobia,
Por vistoso estandarte um lenço pardo.
Cosme infeliz e sempre namorado
Sem ser correspondido, vai saudoso,
Ama e não sabe a quem: vive penando,
E se consola só porque imagina
Que tem de conseguir melhor ventura.
Rodrigo, que de todos desconfia,
É de índole grosseira e gênio bruto,
Não conhece os perigos, nem os teme:
Melancólico sempre, vai por gosto →

Viver na choça, aonde foi criado.
Qual o Tatu, que o destro Americano[18]
Vivo prendeu e em vão depois se cansa
Por fazê-lo doméstico, que sempre
Temeroso nas conchas se recolhe
E parece fugir à luz do dia.
Também vinha Bertoldo, e traz consigo
Carunchosos papéis por onde afirma
Vir do sétimo rei dos Longobardos[19],
Grita contra as riquezas, a Fortuna,
Segundo o que ele diz, não muda o sangue:
Pisa com força o chão, e empavesado
De ações, que ele não pode chamar suas,
Aos outros trata com feroz desprezo.
Iracundo Gaspar, que te enfureces
No jogo e quando perdes não duvidas
Meter a mão à ferrugenta espada,
Tu não ficaste: as noites sobre os livros
Não queres suportar, porque não temes
Da já viúva mãe as frouxas iras.
Nem tu, Alberto, alegre e desejado
Nas vistosas funções das romarias,
Que és vivo, pronto e ágil, e nos bailes
Tens fama de engraçado, e garganteias
Coa a viola na mão trocando as pernas.
Os que aprendem o nome dos autores,
Os que lêem só o prólogo dos livros,
E aqueles, cujo sono não perturba
O côncavo metal, que as horas conta, →

---

18. Lin. *Syst. nat. Zool.*, edic. 10, t. I, p. 50. *Dasypus.*
19. Povos de Escandinávia e Pomerânia, que se apoderaram da parte da Gália Cisalpina em 568.

Seguirão as bandeiras da ignorância
Nos incríveis trabalhos desta empresa.

O Sol já sobre os campos de Anfitrite
Inclina o carro, e as nuvens carregadas
Importunos chuveiros ameaçam;
Quando a velha estalagem os recebe.

Mesa de tosco pinho se povoa
De negras azeitonas e salgado
Queijo que estima a gente que mais bebe.
Dum lado e doutro lado se levantam
Pichéis e copos, em que o vinho abunda.
Corriam para aqui desafiados
Rodrigo o triste, e o glutão Tibúrcio,
Este instante fatal é que decide
Da dúbia sorte dos heróis, cobrindo
Um de eterna vergonha outro de glória.

A feia Noite, que aborrece as luzes,
Desce dos altos montes com mais pressa
Por ver este combate, e afugentada
Pela sombria luz duma candeia
De longe observa o novo desafio.
Um e outro ocupando as mãos e a boca
Avidamente a devorar começa.
Assim esse animal grosseiro e pingue,
Que de alpestres bolotas se sustenta,
À pressa come, e tendo uma nos dentes,
Noutra tem o desejo e noutra a vista.
Rodrigo quase certo da vitória
Coas mãos ambas levanta um grande copo
Copo digno de Alcides, e à saúde →

De todos os famosos Desertores
De uma vez o esgotou: então Tibúrcio
Cheio de nobre ardor, fechando os olhos,
Toma um largo pichel e assim lhe fala.

"Vasilha da minha alma, tu que guardas
A alegria dos homens no teu seio,
E tu, filho da cepa generoso,
Se estimas e recebes os meus votos,
Derrama sobre mim os teus encantos."
Já tinha dito muito: e enquanto bebe
Voa a cega Discórdia, que se nutre
De sangue e de vingança, e sobre os copos
Três vezes sacudiu as negras asas.
Viam-se já nos lívidos semblantes
A raiva sanguinosa, a má tristeza.
A Noite, a quem o Acaso favorece,
Estende a fusca mão e a luz abafa.
Veloz passa o furor de peito em peito,
Perturba os corações e inspira o ódio.

Só tu Gonçalo descrever puderas
Os terríveis estragos desta noite,
Tu, que posto debaixo duma banca,
(Por não manchar as mãos no sangue amigo),
Sentiste pela casa e pelos ares
Rolar os pratos e tinir os copos.
Range os dentes Gaspar, e pelo escuro
Não acerta coa espada, nem coa porta:
Quando Ambrósio, que tinha envelhecido
Da estalagem na mísera oficina,
Coa candeia na mão assim falava
"É crível, que entre vós jamais se encontre →

Um gênio dócil, sério e moderado?
Isto deveis às letras? respondei-me,
Ou insultai também os meus cabelos
Da triste e longa idade embranquecidos.
Julgais acaso que o saber se infunde
Deixando o vosso nome assinalado
Pelos muros e portas da Estalagem?
Ó néscia mocidade! é necessário
Muito tempo sofrer, gastando a vista
Na contínua lição, e sobre os livros
Passar do frio Inverno as longas noites.
E quando já tivésseis conseguido
De tão bela carreira os dignos prêmios,
Muito pouco sabeis, se inda vos falta
Essa grande arte de viver no mundo,
Essa, que em todo o estado nos ensina
A ter moderação, honra e prudência.
Eu também já na flor da mocidade
Varri coa minha capa o pó da sala:
Eu também fui do *rancho da carqueja*[20],
Digno de fama e digno de castigo.
Era então como vós. Jamais os livros
Me deveram cuidado, e me alegrava
Das noturnas empresas, dos distúrbios:
Os dias se passavam quase inteiros
Nos jogos, nos passeios, nas intrigas,
Que fomentam os ódios e as vinganças.
Por isso estou no seio da miséria:
Por isso arrasto uma infeliz velhice
Sem honra, sem proveito, sem abrigo. →

---

20. Esta companhia de estudantes cometeu muitos crimes, e foi dispersa e castigada.

Tempo feliz da alegre mocidade!
Hoje encurvado sobre a sepultura
Eu choro em vão de vos haver perdido!
Assim suspira, geme e continua:
Conservai sempre firme na memória
Dum velho desgraçado o triste exemplo,
E aprendei a ser bons, que a vossa idade
As indignas ações não justifica.
Mas se vós desprezais os meus conselhos,
Nunca gozeis o prêmio dos estudos:
Aflições e trabalhos vos oprimam,
Enquanto o mar das Índias vos espera."

Então Gaspar, tomando o caso em brio,
Acesso de ira com valor responde,
Traça o capote e tira pela espada.
O velho grita e foge: às suas vozes
De rústicos um povo se enfurece,
E toma as armas e bradando avança.
Qual nos imensos e profundos mares
O voraz Tubarão entre o cardume
De argentadas sardinhas: elas fogem,
Deixam o campo e nada lhe resiste;
Assim Gonçalo, a quem já todos temem,
Faz espalhar a turba, que o rodeia,
E só deixa a quem foge de encontrá-lo.

Gaspar, que o rosto nunca viu ao medo,
A todos desafia, e não perdoa
Duma oliveira ao carcomido tronco,
Que ele julga broquel impenetrável,
Vendo estalar da sua espada a folha.

Da noite a densa névoa os favorece.
Receosos de nova tempestade
Salvam as vidas os heróis fugindo
Por entre o mato espesso. Ouvem ao longe
Da vingativa plebe a voz irada.
À clara luz das pinhas[21] resinosas
Aparecem as foices, e aparecem
Chuços, cacheiras, trancas e machados.
Levanta-se o clamor; e a crua guerra,
Que o sangue dos mortais derrama e bebe,
Gira por toda a parte, e move as armas.
Entanto a valerosa companhia
Amparada da sombra feia e triste
Voa por longo espaço sobre as asas
Do pálido terror. Não doutra sorte
Rasos xavecos de piratas Mouros,
Quando os ecos do bronze fulminante
Vêem tremular as vencedoras Quinas
Sobre a possante nau, que oprime os mares,
Fogem à vela e remo, e não descansam
Sem ter beijado as Argelinas praias.
Ouvem-se então diversos sentimentos.
Chora Gaspar de se não ter vingado,
E ainda aqui colérico assevera
Que a não faltar-lhe a espada não fugira.
Espada, que ao romper as linhas d'Elvas[22],
Se dos velhos avós não mente a história,
Abriu de meio a meio um castelhano.

---

21. Costumam os rústicos acender de noite as pinhas.
22. Gloriosa batalha que ganhou D. Antonio Luiz de Menezes, Excelentíssimo Conde de Catanhede, no ano de 1658. A este herói também se deve o triunfo de Montes Claros.

Teme Bertoldo que o encontre o povo;
E no meio daquela escuridade
Chega-se aos mais com pânico receio.
Cosme, quase insensível aos perigos
E aos amargos momentos desta noite,
Aproveita o silêncio, o sítio, a hora
Para chorar saudades sem motivo.
Só Gonçalo pensava cuidadoso
Em salvar os aflitos companheiros.
Assim o astuto assolador de Tróia[23],
Quando os Gregos heróis ouviu cerdosos
Grunhir nos bosques da encantada Circe,
Ou quando viu a detestável mesa[24]
Na vasta cova do Ciclope horrendo.
"Onde estarás, fiel e caro amigo!
(Dizia o condutor da estulta gente)
Se tu me faltas como irei meter-me
Nas mãos dum Tio rústico, inflexível?
Voltarei? Mas oh Céus! quem me assegura
Que essa velha cruel, nefanda harpia
Não tenha urdido algum funesto engano?
E se o Povo indignado e ofendido
Nos vem seguindo e ao surgir da Aurora
Neste inculto deserto... Céu piedoso
Longe, longe de nós tão graves danos."

---

23. Ulisses, cujos companheiros foram transformados por Circe. Homer. *Odyss*. I. 10., v. 238.

24. Polifemo devorou dois Gregos em presença de Ulisses. *Odyss*. I. 9., v. 289.

Gonçalo assim falava, e vigilante
Tristes horas passou, até que o dia
Apareceu entre rosadas nuvens
Sobre as altas montanhas do horizonte.

CANTO III

A Fama sobre o carro transparente,
Que arrastam ao través do espaço imenso
O sonoro Aquilon e o veloz Austro[25],
Cantava o caro nome, a imortal glória
Do augusto Pai do Povo. Entre milhares
De ações dignas dum Rei, Europa admira
O soberbo edifício levantado,
Que o saudoso Mondego abraça e adora:
Edifício que o tempo devorante
Vê de longe, rodeia, teme e foge:
Que sustenta em firmíssimas colunas
Da ciência imortal o Régio Trono.

Se longe da feroz barbaridade
Os olhos abre a forte Lusitânia,
Grande Rei, esta ação é toda vossa.

Entanto a Fama heróica vão seguindo
As velozes e incógnitas notícias,
Que trazem e que levam os sucessos
De país em país, de clima em clima.
Elas voam em turba, enchendo os ares
Dos ecos dissonantes, a que atendem →

---

25. Aquilon, vento setentrional, e Austro, meridional.

Crédulas velhas e homens ociosos.
Qual no fértil sertão da Ajuruoca[26]
Vaga nuvem de verdes papagaios,
Que encobre a luz do Sol e que em seus gritos
É semelhante a um povo amotinado:
Assim vão as notícias, e estas vozes
Pelo campo entre os rústicos semeiam.

"Gente inexperta, alegre e sem cuidados,
Fero esquadrão, que os vossos campos tala,
Vem destruindo as terras e os lugares."
O povo indócil, cego e receoso,
Que as funestas palavras acredita,
Toma os caminhos e os outeiros cobre.
Por onde irás, intrépido Gonçalo,
Que escapes ao furor da plebe armada?
Mas já os desgraçados companheiros
Desciam por incógnitas veredas
Para o fundo dum vale cavernoso,
Que o Zêzere[27] veloz lavando insulta
Coas turvas águas do gelado inverno.
Há um lugar nunca dos homens visto,
Na raiz de dois montes sobranceiros.
Suam as frias e musgosas pedras,
Que dos altos cabeços penduradas
Ameaçam ruína há tempo imenso. →

---

26. Ajuruoca na língua dos Índios soa o mesmo que *casa de Papagaios*. Este vasto país nas minas de Rio das Mortes é abundantíssimo destas aves.
27. Este pequeno e arrebatado rio perde o nome no Tejo, e faz a maior parte ao seu curso por penhascos inacessíveis.

Jamais do Cão[28] feroz o ardor maligno
Desfez a neve eterna destas grutas.
Árvores, que se firmam sobre a rocha,
Famintas de sustento à terra enviam
As tortas e longuíssimas raízes.
Pendentes caracóis coa frágil concha
Adornam as abóbadas sombrias.
Neste lugar se esconde temerosa
A Noite envolta em longo e negro manto
Ao ver do Sol os lúcidos cavalos:
Fúnebre, eterno abrigo aos tristes mochos,
Às velhas, às fatídicas corujas,
Que com medonha voz gemendo aumentam
O rouco som do rio alcantilado.

Rufino por seu mal sempre extremoso,
E sempre escarnecido, suspirando
Aqui se entrega ao pálido ciúme,
Dum puro amor ingrata recompensa.
Contam que nestas hórridas cavernas
De míseras angústias rodeado,
Vinha exalar os últimos suspiros,
Queixando-se de Amor e da Fortuna.
Entre os braços de sono repousava
Este infeliz já de chorar cansado;
Quando a inquieta Ignorância, que se aflige,
De ver nestas montanhas escabrosas
Os tímidos amigos, em que funda
De novo império a única esperança:
Porque Rufino os acompanhe e guie
À pingue e suspirada Mioselha, →

---

28. A constelação chamada a Canícula.

Que é de tantos heróis Pátria famosa,
Finge o rosto da bela Dorotéia,
Dorotéia a mais nova, a mais humana
De quantas filhas teve o velho Amaro.
Ela, a roca na cinta, as mãos no fuso
Em sonhos lhe aparece, e mais corada
Que a rosa na manhã da primavera.
A falar principia: "Se até agora
Ingrata me mostrei a teus amores,
Se inconstante e perjura me chamaste,
Dá-me nomes mais doces, e ouve atento
Duma alma amante a confissão sincera.
Sempre te amei, e espero ver unidos
Os nossos corações em fortes laços
Do casto amor, que o Céu não desaprova.
Mas eu sem nada mais que a lã, que fio,
Tu rico só de afetos e palavras,
Onde iremos que a sórdida miséria
Não seja em nossos males companheira?
Vai-te, e longe de mim segue a ventura,
Que firme te hei de ser em toda a idade.
Do velho Afonso o triste e pobre filho,
Pela dura madrasta afugentado,
Também deixou a suspirada Pátria,
E veio em poucos anos o mais rico
Dos bens imensos que o Brasil encerra.
Vês tu quanto cresceu, que não cabendo
No paterno casal, ergue as paredes
Até chegar ao Céu, que testemunha
A ditosa união com que ele paga
O firme amor da venturosa Ulina?
Vai pois, Rufino meu, que muitas vezes
Muda-se a terra e muda-se a Fortuna."

Assim falando os braços lhe oferece.
Oh que instante feliz, se Amor perverso,
Dos últimos favores sempre avaro,
Não firmasse esta sombra de ventura
Sobre as asas de um sonho lisonjeiro!
Desperta o triste e desgostoso amante,
E não duvida que a pressaga imagem
Noutro lugar tesouros lhe promete.
Futuros bens na idéia se apresentam,
E ele crê possuí-los. Ó dos homens
Contínuo deliberar sem fundamento!
Que bela e fácil se nos pinta a posse
Dum incógnito bem que desejamos!

Já se ajuntava o esquadrão famoso
Pela mesma Ignorância conduzido,
E Gonçalo primeiro assim falando,
Os mais em roda todos escutavam.

"Benigno habitador de incultas brenhas,
Se um desgraçado errante e peregrino
Dentro em tua alma a compaixão desperta,
Os meus passos dirige, antes que a fome
Com ímpia mão nos deixe frio pasto
Às bravas feras, às famintas aves."

Falava ainda: alguns estremeceram,
Outros amargo pranto derramaram.
Da boca de Rufino todos pendem.
Ele os lânguidos olhos levantando,
Já do longo chorar enfraquecidos,
Estas vozes soltou do rouco peito.
"Que Fortuna cruel maligna, incerta →

Vos trouxe a penetrar o intacto abrigo
Destes lugares ermos e escabrosos?
Vós em mim achareis amigo e guia:
Que pode dar alguma vez socorro
Um desgraçado a outro desgraçado.
Duros casos de amor me conduziram
A acabar nesta gruta os tristes dias;
Mas hoje volto por feliz presságio
A tentar noutra parte a desventura."

Acaba de falar movendo os passos
Pelo torcido vão das nuas pedras.
Todos o seguem com trabalho imenso.

Depois que largo tempo caminharam
Por ásperas montanhas, aparecem
Ao longe a estrada e o lugar vizinho.
Qual a nau sofredora das tormentas,
Que, depois de tocar o porto amigo,
Sente fugir-lhe as arenosas praias,
E dos hórridos ventos açoitada
Volta a luta co pélago profundo:
Assim Gonçalo, quando ver espera
Tranqüilo fim de míseros trabalhos,
O povo o cerca e dos confusos gritos
As montanhas ao longe retumbaram.
Vós, ó Musas, dizei como a Discórdia
Com o negro tição que acende os peitos,
Mostra o rosto de sangue e pó coberto,
Seguindo os passos do homicida Marte.
Aqui não aparecem refulgentes
Escudos d'aço e bronze triplicado:
Não assombram a testa dos guerreiros →

Flutuantes penachos, que ameçam,
Como tu viste, ó Tróia, ante os teus muros;
Mas o valor intrépido aparece
A peito descoberto. O povo armado
De choupas, longos paus e curvas foices,
É semelhante a um bosque de pinheiros,
Que o fogo devorou, deixando nuas
As elevadas pontas. Animoso
Dispõe Gonçalo a forma de batalha
Posto na frente: à sua voz a um tempo
Todos avançam, todos se aproveitam
Das perigosas e terríveis armas,
Que o terreno oferece em larga cópia.
Voa a cega Desordem e aparece
No meio do combate. Por um lado
Gaspar se opõe arremessando pedras
Com força tal que atroam os ouvidos.
Gonçalo doutra parte invicto e forte
Abre co ferro agudo amplo caminho.
Já pendia a balança da vitória
Contra a tímida gente que se espalha;
Quando chega atrevido Brás, o forte.
(Gigante Ferrabrás lhe chama o povo,
Pela enorme estatura e força incrível.)
Ergue a pesada maça sem trabalho,
Qual nos montes de Lerne[29] o fero Alcides:
Gonçalo evita a morte com destreza:
Ele renova os formidáveis golpes;
Mas o irado mancebo ao desviar-se →

---

29. Lerne, lago de Acaia, onde Hércules matou a Hidra.

Tropeça e cai. Neste arriscado instante
Serias morto, intrépido Gonçalo,
Se Gaspar cum rochedo áspero e rombo
Não atalhase do inimigo a fúria,
Quebrando-lhe com golpe repentino
Ambas as canas do direito braço.
Rangem os ossos, e a terrível maça
Caindo sobre a terra ao longe soa.
Torna a ajuntar-se a fugitiva plebe,
E o prudente Gonçalo, que deseja
Mostrar o seu valor noutros perigos,
Finge-se morto; a turba irada o pisa,
Mas ele não se move. Contra todos
Então Gaspar em cólera se acende:
Ameaça, derriba, ataca e fere;
Até que já sem forças, rodeado
Vê de seus companheiros os opróbrios.

Soa nas costas dos heróis valentes
O duro azambujeiro, e são levados
Ao som terrível de insultantes gritos
Para a escura prisão, que os esperava.
Gonçalo, o bom Gonçalo as mãos atadas,
Os olhos para o chão, porque era terno
Não refreou o compassivo pranto.
A par dele Bertoldo em vão lamenta
A falta de respeito, que devia
Rústica plebe ao neto de Alarico[30].
Com vagarosos passos todos marcham, →

---

30. Alarico, Rei dos Godos, que alcançou muitas vitórias contra os Romanos no tempo de Honório.

Como as ovelhas por caminho estreito.
Tal depois da ruína de um Quilombo[31]
Vem a indômita plebe da Etiópia,
Quando rico dos louros da vitória
O velho Chagas[32], sempre valeroso,
Cobre o fuzil da pele da Guariba[33],
E forra o largo peito cos despojos
Da malhada pantera[34], e do escamoso
Jacaré nadador[35], que infesta as águas.

CANTO IV

Tibúrcio, que nas guerras da estalagem
Soube abrandar os inimigos peitos,
Pondo-se como em êxtase profundo
Com os olhos no Céu e as mãos no peito,
Vem a empenhar a força das intrigas.
Que não farás, intrépita Ignorância,
Por libertar os tristes prisioneiros!

---

31. Fortificação de escravos rebelados, que muitas vezes se fazem temidos pelas suas hostilidades.

32. Este famoso Índio foi dos que mais se assinalaram nas ocasiões de ataques contra os escravos.

33. Guariba, espécie de mono, cuja pele serve aos viajantes dos sertões para livrar o fuzil da umidade, e costumam estes homens forrar-se com a pele dos animais que matam. Pode ver-se M. Buff. No tom. 4, edic. de 4 v., p. 378. Lin. *Syst. nat. anim.*, ed. 10, tom. I, p. 26. *Paniscus.* Maregr. 226.

34. Lin. *Syst. nat. anim.*, ed. 10, p. 41. *Pardus.*

35. Crocodilo brasiliense. Maregr. 242. *Syst. nat.,* p. 200, *Crocodilus.*

Tem o cuidado das ferradas portas
Amaro vigilante, inexorável;
Mas crédulo e medroso; e tem ouvido
Não sem horror pela calada noite
Grasnar nos ares e mugir nos campos
Feias bruxas e vagos lobisomens.
Com ele o Antiquário se acredita
Por um devoto e santo Anacoreta,
Que passa os breves dias deste mundo
Entre os rigores duma austera vida.
Amaro, que se fia de aparências,
Para nutrir o frágil penitente
Vai degolando os patos e as galinhas.
Entanto (quem dissera!) a própria filha
Inocente era o móvel deste enredo,
Seu nome é Dorotéia, e no semblante
Gênio se lhe descobre inquieto e leve.
E como estes momentos preciosos
Não se devem perder, depois que a fome
Afugentou do estômago vazio,
Com branda voz em tom de profecia
Humildade afetando assim começa.

"Pois tanta caridade usais comigo,
O Senhor, que reparte os seus tesouros,
Vos encherá de mil prosperidades.
A vossa filha... mas convém que eu cale
Os segredos que o Céu me comunica,
Inda vereis nascer entre riqueza
Os venturosos netos, doce arrimo
Aos fracos dias da caduca idade."
O velho então coas lágrimas nos olhos
Assim falou: "Ó filho abençoado, →

Que pela débil voz já me pareces
Habitador do Céu, quanto consolas
As pecadoras cãs que te estão vendo!
Assim talvez seria o meu Leandro,
Se as bexigas em flor o não roubassem!
Dez anos tinha, quando a morte avara
Cortou coa dura mão seus tenros dias."
Então suspira e segue passo a passo
A longa enfermidade; e enquanto narra,
Aparece Marcela, conhecida
Entre todas as velhas por mais sábia
Em penetrar olhando para os dedos[36]
Tudo quanto já dantes lhe contaram.
Sobre pequeno pau, a que se encosta,
Ela vem debruçada pouco a pouco,
O semblante enrugado, os olhos fundos,
Contra o nariz oposta a barba aguda:
Os dois últimos dentes balanceiam
Co pestífero alento que respira.
Em segredo lhe mostra Dorotéia
A esquerda mão por que ela decifrasse
As confusas palavras de Tibúrcio.
Ela observa e depois de mil trejeitos,
Franzindo a testa, arcando as sobrancelhas,
Com vos trêmula e fraca assim dizia:

"Ó que grande ventura o Céu te guarda!
Por esposo terás um cavalheiro
Que te ama e te deseja. Mas ai triste!
Em vão chora infeliz o terno amante →

---

36. Esta superstição tem tido grande uso, vulgarmente *dizer a buena dicha*.

Nessa escura prisão desconhecido
Por casos de fortuna. Criai filhos,
Ó desgraçadas mães, para que um dia
Longe de vós padeçam mil trabalhos!"
Aqui suspira a boa velha e chora.
Duas vezes começa, e depois fala:
"O seu nome é Gonçalo: é rico e nobre,
E mancebo gentil, robusto e louro."
Estas e outras palavras lhe dizia,
E Dorotéia já se sente amante,
Excogitando os mais seguros meios
De abrir a porta e dar-lhe a liberdade.
Na molesta prisão o novo engano,
De imperceptível arte pronto efeito,
Sabe o Herói, e assim consigo fala;
"Ó amigo tão raro como o fênix,
Que podendo deixar-me entre estes ferros,
Vens encher-me de alívios e esperanças!"
Valentes expressões em crespa frase,
Que ao *Allivio de Tristes*[37] rouba a glória,
Pensando felizmente ressuscita
Aquelas hiperbólicas finezas,
Que em seus escritos prodigou Gerardo[38].
Num pequeno papel como convinha
A triste e desgraçado prisioneiro,
Viu Dorotéia as letras amorosas,
Que os ditos confirmaram de Marcela,
E dois grandes presuntos que jaziam
Intactos na despensa do bom velho.
Vão levar a resposta acompanhados →

---

37. Romance vulgar.
38. Gerardo de Escobar fez uma obra que intitulou *Cristais d'alma*, cheia de ridículos hipérboles.

Do roxo néctar, que dissipa os males.
Mensageira fiel então afirma
Que virá Dorotéia abrir-lhe as portas
Nas horas em que o plácido sossego
Dos cansados mortais os olhos cerra.
Gonçalo espera tímido, e confuso
Vem-lhe à memória o seu antigo afeto;
Qual leve sombra: escuta, arde e deseja
Sentir no coração novas cadeias.

Já com a fria mão a noite escura
Entre o miúdo orvalho derramava
Papoulas soporíferas, que inspiram
O brando sono e o doce esquecimento.
Reina o vago silêncio que acompanha
De amor furtivo os trágicos transportes.
Gonçalo então, cansada a fantasia
Sobre os meios e os fins de seus projetos,
Pouco a pouco se esquece, e pouco a pouco
Cerra os olhos, boceja, dorme e sonha.
Quando voa do leito, onde deixava
Nos braços do Descanso ao Pai da Pátria
A brilhante Verdade, e lhe aparece
Numa nuvem azul bordada d'ouro.
A deusa ocupa ao meio, um lado e outro
A severa Justiça, a Paz ditosa.

"Benignos Céus, enchei meus puros votos:
Fazei que esta celeste companhia,
Como do terno Avô[39] rodeia o trono,
De seu Neto[40] imortal orne a Coroa!"

---

39. O Augusto e Fidelíssimo Rei de Portugal.
40. O Sereníssimo Príncipe Herdeiro.

Gonçalo viu, e pondo as mãos nos olhos
Receia e teme de encarar as luzes.
"Abre os olhos, mortal, (assim lhe fala
Do claro Céu a preciosa filha)
Abre os olhos, verás como se eleva
Do meu nascente Império[41] a nova glória.
Esses muros, que a pérfida Ignorância
Infamou temerária com seus erros,
Cobertos hão de ser em poucos dias
Com eternos sinais de meus triunfos.
Eu sou quem de intricados labirintos[42]
Pôs em salvo a Razão ilesa e pura.
Eu abri aos mortais os meus tesouros[43]:
Fiz chegar aos seus olhos quanto esconde
No seio imenso a fértil Natureza[44].
Pode uma destra mão por mim guiada
Descrever o caminho dos Planetas:
O mar descobre as causas do seu fluxo:
A Terra... mas que digo? Que ciência
Não fiz tornar às margens do Mondego,
Ou dentre os braços da Latina Gente[45],
Ou dos belos países, cujas praias
O mar azul por toda a parte lava?
Se são firmes por mim o Estado, a Igreja,
Se é no seio da paz feliz o Povo, →

---

41. A Universidade de Coimbra novamente criada.
42. A Filosofia Racional sem os enredos dos silogismos Peripatéticos.
43. A Física.
44. A História Natural.
45. Os ótimos e famosos Professores, que El-Rei Fidelíssimo atraiu de diversas partes da Europa.

Dizei-o vós, ó Ninfas do Parnaso.
Ilustres, imortais, vós que ditastes
As poderosas leis a vez primeira,
Vós, que ouvistes da lira de Mercúrio
Os úteis meios de alongar a vida.
Eu vejo renascer um Povo ilustre
Nas armas e nas letras repetido.
O seu nome vai já de boca em boca
A tocar os limites do universo.
O pacífico Rei lhe traz os dias,
Dignos de Manuel, dignos de Augusto[46].
E tu enquanto a Pátria se levanta
Sacudindo os vestidos empoados
Coa cinza vil de um ócio entorpecido:
Enquanto corre a mocidade alegre
A colher louros ávida de glória,
Serás o frouxo, o estúpido, o insensível?
Sacrificas o nome, a honra, a Pátria
Aos moles dias de uma vida escura?
Cego, errado mortal, vê que te enganas."
Disse: e cerrada a nuvem luminosa,
Estremece Gonçalo: foge o sono:
Por toda a parte lança incerto a vista,
Busca assustado, mas já nada encontra.
As mesmas impressões em seus sentidos
Vivas imagens pintam, e não sabe
Se então dormia ou se inda agora sonha.
Sente a suave força da verdade;
Mas recusa abraçá-la. Triste sorte
D'alma infeliz que ao erro se acostuma!

---

46. O Senhor Rei D. Manuel, chamado o Feliz.

Entanto sem receio o Velho dorme,
E a filha vem as sombras apalpando
Com as chaves na mão: e quantas vezes
Segue, vacila, pára e lhe parece
Ouvir a voz do Pai: escuta e treme;
Move os passos, tropeça, e ao ruído
Acorda Amaro e grita. Ela se apressa,
E torna a tropeçar. Aqui Tibúrcio
Em casos repentinos pronto e destro
Em um lençol se embrulha e corre ao leito,
Onde jazia o velho espavorido,
Que cuida que vê bruxas e fantasmas:
Então lhe diz em tom medonho: "Ó filho,
Ingrato filho, que de um pai te esqueces!
Que mal, que mal cumpriste os meus legados!
Hoje comigo irás..." Ao Velho o medo
Corre as medulas dos cansados ossos:
A voz lhe falta, eriça-se o cabelo.
Entanto as portas Dorotéia abrindo
(Amor a fez intrépida) abraçava
O prometido esposo: ele se apressa,
Acorda os miserandos companheiros,
Que se alegram deixando solitárias
As vagas sombras da prisão funesta.
Passa o resto da noite entre temores
Amaro, quanto pode o prejuízo!

Apenas matizava a branca aurora
Da Tíria cor o véu açafroado,
Quando o Velho ao través da luz escassa
Viu abertas as portas. "Dorotéia,
Dorotéia, onde estás?" Assim chamava, →

E entregue a sua dor consulta os olhos
Do profeta, que pronto a pôr-se em marcha
Com rosto de candura e de inocência
Brandamente o consola "O Céu, Amigo,
Tudo faz por melhor, e muitas vezes
Com trabalhos cruéis aos bons aflige."
Disse, e deixando ao Pai desconsolado,
Caminha na esperança de encontrar-se
Co o valente esquadrão dos fugitivos.
O Sol já com seus raios luminosos
Tinha roubado as folhas dos arbustos
O frio gelo do noturno orvalho.
Eis à sombra de fúnebre arvoredo
Rufino, o melancólico, chorando.
"Quem és, que em tua mágoa inconsolável
Pareces abalar estas montanhas?"
Compassivo pergunta o Antiquário,
E depois de chorar por largo tempo,
Estas vozes o triste lhe tornava.
"Eu sou aquele amante sem ventura,
Sempre extremoso e sempre escarnecido,
Sofredor das ingratas esquivanças
Que vi (ai dura vista!) face a face
Do tardo Desengano o feio rosto.
Ah Dorotéia, um sonho lisonjeiro
Meus dias dilatou para que agora
Te visse em outros braços, insultando
O meu fiel amor? Ó noite infausta,
Noite terrível, noite acerba e dura!
Quanto eu fora feliz, se a tua sombra
Eternamente os olhos me cobrisse!"

Tibúrcio, que já tudo penetrava,
Do caminho se informa e dos lugares,
Por onde fora a incerta companhia,
Que em tanto risco o seu conselho espera.

Não distante se eleva antigo bosque
Horroroso por fama: já nos tempos,
Em que torrente bárbara saindo[47]
Do seio de Meotis inundava
As províncias d'Europa, aqui se via
Arruinado templo. Os vivedouros
Ciprestes se levantam sobre os pinhos:
Heras e madressilvas enlaçadas
Ali fazem curvar a crespa rama
Dos velhos e infrutíferos carrascos.
Três fontes misturando as puras águas
Mansamente se envolvem e oferecem
À vista cobiçosa os alvos seixos
E os verdes limos, que no fundo nascem.
Os amigos fiéis aqui se encontram.
Qual em noite funesta e pavorosa
Perdido caminhante, que receia
Achar em cada passo um precipício,
Se acaso a dúbia luz divisa ao longe,
A esperança renasce, e de alegria
Sente pular o coração no peito;
Assim o Desertor constante e forte,
Ao ver o companheiro, que prudente
Sabe evitar e prevenir os males.
Eles se reconhecem e derramam
De alegria e ternura o doce pranto. →

---

47. A irrupção dos Bárbaros foi no século V.

Ó vínculos do sangue e da amizade!
Menos unidos viu o Lácio antigo
Aos dois Troianos, que uma cega noite[48],
Espalhando o terror no campo adverso,
Levou às turvas margens de Aqueronte.
Gonçalo se retira pelo bosque;
Com ele vai Tibúrcio, e mil projetos
Formavam sobre o fim da grande empresa;
E a muito fácil e infeliz donzela
Do seu profeta o rosto e a voz conhece,
E pensa e teme de se achar culpada.

Então o Amor, que na sonora aljava
Esconde setas de mortal veneno,
E setas doutro ardor mais grato e puro,
Fazia escolha das terríveis armas,
Para vingar-se da cruel Marfisa:
Marfisa ingrata, pérfida, inconstante,
Peito de bronze, a quem a natureza
Não formou para ternos sentimentos.
E por ver se os seus tiros correspondem
Sempre fiéis à mão e ao desejo,
Faz no teu peito, ó Dorotéia, o alvo,
As forças prova e a destreza ensaia.
Encurva o arco ebúrneo, solta e voa
Sequiosa de sangue a ponta aguda
Tinta no Averno. Ao golpe inevitável
Tremeu o coração, e um vivo lume
Nos olhos aparece: do seu braço
Admira a força Amor. Vai outra seta
Ao brando peito incauto e descoberto →

---

48. Niso e Eurialo. Virg.

Do mancebo infeliz. A vez primeira
Soube de amor o namorado Cosme.
Que violenta paixão pode encobrir-se!
Os olhos falam: seguem-se as palavras;
E depois o delírio. O tempo é surdo
Aos votos dos amantes. Eles viam
Crescer ditoso em rápidos momentos
De uma nova esperança o belo fruto;
Mas Gonçalo a favor dos arvoredos
Oculto chega, pára e ceva as iras.
Tal pode ver se o rápido Jaguara[49]
Do fértil Ingaí[50] nos vastos campos,
Se tem defronte o cervo temeroso;
Encolhe-se torcendo a hirsuta cauda,
Tenta, vigia, espera e lambe os beiços,
Formando o salto sobre a incauta presa.
Cegos amantes, aprendei agora
Os perigos da nímia confiança
O zeloso Gonçalo investe; acodem
Os companheiros duma e doutra parte.
Triste ruído! pedras contra pedras
Ali se despedaçam: ao seu lado
Acha Cosme a Rodrigo, acha a Bertoldo.
Enquanto dura o férvido combate,
Dorotéia, que vê sem uso a espada,
De que o Herói em fúria se não lembra,
(Que não farás, Amor, tu que transformas
Uma donzela num feroz guerreiro!)
Desembainha: a Morte insaciável
Lhe afia o gume, e o furor sangüíneo →

---

49. Maregrav. *Hist. Brasil.*, p. 235.
50. Rio d'América nas Minas do Rio das Mortes.

Ergue e dirige o ferro: já pendente
Sobre Gonçalo e o golpe, salta e chega
O amigo a tempo de salvar-lhe a vida.
Pelos braços o aperta, e neles grava
Roxos sinais dos dedos. Em derrota
Correm os três e o campo desamparam.
O mísero, infeliz e novo amante
As negras fúrias levam, que despertam
No aflito coração desesperado
Ciúme, raiva, amor, ódio e vingança
Assim o invicto domador dos monstros[51],
Quando por mão da crédula consorte
Recebeu o vestido envenenado
No sangue infausto do biforme Nesso
Os rochedos e os montes abalava:
Soaram os seus fúnebres gemidos
Por longo tempo nas Ismarias grutas[52].
Valentes e indiscretos vencedores,
Tarde conhecereis, e muito tarde,
Que um amigo ultrajado é perigoso.

Para soltar os oprimidos braços
Dorotéia se empenha; mas Tibúrcio
Lançando a esquerda mão à ruiva trança
A fez voltar, torcendo-lhe o pescoço,
Ao claro Céu a vista ameaçante.
Gaspar o ferro dentre as mãos lhe arranca:
Este um braço sustenta, outro Gonçalo, →

---

51. Hércules, que recebeu de Dejanira o vestido tinto no sangue do centauro Nesso, e agitado das Fúrias se lançou no fogo.

52. Ismaro, monte de Trácia.

E ela presa e sem forças grita e geme.
Não doutra sorte o touro da Chamusca[53],
Quando três cães o cercam atrevidos,
Dois pendem das orelhas e um da cauda;
A cornígera testa em vão sacode;
Contra a terra se arroja a um lado e outro;
E depois que não pode defender-se,
Mugindo exala indômita fereza.

CANTO V

Alto conselho aqui se faz, aonde
Infeliz Dorotéia, o teu destino
Cruel e dúbio dum só voto pende.
Dos três heróis discordam as sentenças.
Um deseja que fique em liberdade
E do Pai ultrajado exposta às iras:
Inexorável outro pensa e julga
Que a sua morte deve dar exemplo,
Que encha d'horror as pérfidas amantes,
Gonçalo, que era o único ofendido,
Consulta o coração e se enternece.
Mas o ardente Ciúme, que se alegra
De pintar como crimes horrorosos
Inocentes ações, então lhe mostra
A feia Ingratidão e o torpe Engano.
A vingança cruel e o vil Desprezo
Ainda mais terrível que a Vingança,
Ganham do coração ambas as portas. →

---

53. Todos sabem que desta Vila são bravíssimos os touros.

Mimosa Dorotéia, e como ficas
Coas mãos ligadas a um pinheiro bronco
Sem outra companhia que os teus males!
É este o prêmio, filhas namoradas,
Este o prêmio de amor, quando imprudente
Os termos passa que a razão prescreve.
De quando em quando um ai do peito arranca,
Que ao longe os tristes, magoados Ecos
Desperta e faz sentir os duros troncos.
E espera sem defesa (sorte ingrata!)
Que a devorem os lobos carniceiros.
Assim ligada aos ásperos rochedos
A filha de Cefeu[54] ao mar lançava
A temerosa vista, e lhe parece
A cada instante ver surgir das ondas
A verde espalda do marinho monstro.

Sem esposo, sem pai, sem liberdade,
Mísera Dorotéia, chora e geme.
"Ai Marcela cruel, que m'enganaste
Com teus belos, fantásticos agouros,
Queira o Céu que outras lágrimas sem fruto
Mil vezes tresdobradas te consumam
Os encovados olhos! Que inda a morte
Às tuas vozes surda correr deixe
Piorando em seu curso vagaroso
Os momentos de dor e de amargura!"

Assim falava: a leve Fantasia
Com as cores mais vivas lhe apresenta
D'escarpados rochedos no alto cume →

---

54. Andrômeda foi exposta a um monstro marinho. Ovid., *Metamorf.*

O palácio da cândida Inocência
Cercado de funestos precipícios.
Ó morada feliz, onde não torna
Quem uma vez rodou entre as ruínas!
Giram no plano do elevado monte
Cruas dores, remorsos devorantes,
As três irmãs, a Peste, a Fome, a Guerra,
O pálido Receio, o Crime, a Morte,
As Fúrias e as Harpias que s'envolvem
No turbilhão dos míseros cuidados.

Então de tantas lágrimas movida
A mãe soberba do propício Acaso,
A mudável Fortuna, e já cansada
De ouvir as tristes queixas de Rufino,
Tais palavras ao filho dirigia.

Esse amante infeliz, que em vão suspira,
Ache a dita uma vez e enxugue o pranto.
Acaba de falar e ao mesmo tempo
Rufino para o bosque s'encaminha,
E o Acaso o conduz por entre as sombras
Da pavorosa Noite, que já desce.
À rouca voz da mísera donzela
Palpita o coração: o Amor e o Susto
Quiméricas imagens lhe afiguram;
Mas ele chega: o próprio crime e o pejo
Cobrem de roxas nuvens o semblante
De Dorotéia ao ver-se ainda amada
Por aquele que foi há poucas horas
Alvo de seus insultos e desprezos.
A mole vista, as lágrimas em fio,
Que aos corações indômitos abrandam, →

Que fariam num peito namorado?
Tu lhe ensinas co fraco rendimento
Os meios de vencer. Ó sete vezes
Venturoso Rufino, s'ela um dia
Não quiser renovar os seus triumfos,
E medir a fraqueza de teu peito
Pelo grande poder das suas armas!

Depois de longa e trabalhosa marcha,
Cansado de sofrer enfim respira
O Desertor, e mostra aos companheiros
Os conhecidos montes. Fuma ao longe
A fértil Mioselha, e pouco a pouco
Os outeiros e as casas aparecem.

Tibúrcio, que uma antiga e voraz fome
Sofreu nestes aspérrimos trabalhos,
Com gosto espera de afogá-la em vinho,
E já se apressa alegre e transportado.
Qual o novilho que perdeu nos bosques
A doce vista do rebanho amigo;
E depois de vagar a noite e o dia
Por vales sem caminho, a mãe conhece,
Alegre salta, berra e por momentos
Espera umedecer entre carícias
Co leite represado a boca ardente.

Mas Cosme, que conserva na memória
As passadas injúrias, por vingar-se,
Ao Tio de Gonçalo narra as causas
Da funesta derrota. Determina
Gaspar que os fatigados companheiros
Achem na própria casa um doce abrigo. →

De os ver a Mãe s'aflige; mas espera,
Que obrigados da fome se retirem.
Leve foi o Jantar, mais leve a Ceia,
E Tibúrcio com pena assim chorava
Os dias, em que fora Tesoureiro
Duma rica e devota Confraria.
"Ó santa ocupação, tu nunca viste
A magra mão da pálida Miséria,
Que os fracos membros do mendigo apalpa.
Sem trabalho em teus próvidos Celeiros
A ditosa Abundância se recolhe.
Se torno a possuir-te, quantas vezes
Dos cuidados tenazes e importunos
Lavarás a minha alma nas perenes
Purpúreas fontes do espremido cacho!"

Mostra Gaspar vaidoso a livraria,
Donde o Tio Doutor sermões tirava.
Mau Gosto, que à razão não dás ouvidos,
Vem numerar as obras que ditaste:
Seja a última vez, e eu te asseguro
Que não vejas fumar nos teus altares
Do gênio português jamais o incenso.

Geme infeliz a carunchosa Estante
Co peso de indulgentes *Casuístas*[55],
Dianas, Bonacinas, Tamburinos,
Moias, Sanches, Molinas e *Larragas.*
Criminosa moral, que em surdo ataque
Fez nos muros da Igreja horrível brecha; →

---

55. Pode ver-se o que deles diz Concina. *Appar. ad Theol. Christ.* c. 6, § 5.

Moral que tudo encerra e tudo inspira,
Menos o puro amor que a Deus se deve.
Aparecei, famosa *Academia*
De humildes e ignorantes, Eva e Ave,
Báculo pastoral, e *Flos sanctorum,*
E vós ó *Teoremas predicáveis*[56],
Não tomeis o lugar, que é bem devido,
Ao *Kees*, ao *Bom Ferreira*, ao *Baldo*, ao *Pegas*
Grão-Mestre de forenses subterfúgios.
Aqui Tibúrcio vê o amado *Aranha*,
O Reis, o bom *Supico* e os dois *Suares*[57]:
Dum lado o *Sol nascido no Ocidente*,
E a *Mística Cidade*, doutro lado
Cedem ao pó e à roedora traça.
Por cima o *Lavatório da consciência*,
Peregrino da América, os *Segredos*
Da natureza, a *Fênix renascida*,
Lenitivos da dor e os *Olhos de água*[58]:
Por baixo está da *Sam Patrício a cova*,
A *Imperatriz Porcina*, e quantos *Autos*
A miséria escreveu de Limoeiro[59] →

---

56. Coleção de sermões.
57. Lusitano e Granatense.
58. Obra que tem este título – Fluxo Breve, desengano perene, que o Pégaso da Morte abriu no monte da contemplação em nove olhos de água para refrescar a alma das securas do espírito etc.

Todas as obras nomeadas neste lugar são conhecidas, e quando o não fossem bastaria ver os títulos para julgar do seu merecimento e da barbaridade do século em que foram escritos. Talvez não sejam estas as mais extravagantes à vista do *Crisol seráfico*, da *Tuba concionatória, Sintagma comparístico, Primavera Sagrada* etc.

59. A cadeia pública da Corte.

Para entreter os cegos e os rapazes.
Rudes montões de Gótica escritura,
Quanto cheirais aos séculos de barro!
Falta ainda uma estante; mas Amaro,
Seguindo os passos da roubada filha,
Caminha aflito e de encontrar receia
O valente esquadrão que procurava.
Tanto a fama das bélicas proezas
O seu nome fazia respeitado!

Que novas desventuras se preparam!
O povo cerca da Viúva as portas;
Quando a triste Ignorância, que deseja
Arrancar dentre os ásperos perigos
Aos seus Heróis, por boca de Gonçalo
Começou a falar! "Se tantas vezes
Mais que heróico valor tendes mostrado,
É este o campo, ide a cortar os louros
Para cingir a vencedora frente.
Não se diga que fostes oprimidos
Por fraca e rude plebe: este combate
Não se pode evitar; só dois caminhos
Em tanto aperto aos olhos se oferecem.
Escolhei ou a Índia ou a Vitória!

Disse, e depois abrindo uma janela,
Arroja de improviso sobre o povo
De informe barro uma espantosa talha.
Seco trovão que faz gemer os Pólos
Quando vomitam as pesadas nuvens
Do oculto seio a negra tempestade,
Não causa mais pavor: ao golpe horrendo
Muitos feridos, muitos assombrados
Mancham do negro pó as mãos e o rosto. →

Amaro anima aos seus, e enquanto voam
Contra a janela mil pesados seixos,
(Que novo estratagema!) O Antiquário
Finge da capa um vulto, que aparece
De quando em quando, com que atrai as armas,
Que hão de servir depois para a defesa.

Novo furor os corações acende.
Qual a grossa saraiva ao sopro horrível
Do Bóreas turbulento embravecido
As searas derrota, os troncos despe,
E o triste lavrador contempla e chora
A perdida esperança de seus frutos:
Assim de pedras vaga e densa nuvem
Sai da janela a devastar o campo.
As que arroja o Herói já se distinguem
Pelo som entre as mais, já pelo estrago.
A confusão e o susto ao mesmo instante
Pelo povo s'espalha: então Gonçalo
Valeroso saiu por um postigo:
Depois Gaspar; o intrépido Tibúrcio
Metendo o braço e a cabeça clama
Que o não deixem ficar naquele estado.
O Herói as mãos firmando nas orelhas
Ainda mais o aperta, e deixa exposto
Da plebe ao riso, à colera de Amaro.
Quantas vezes, Tibúrcio, desejaste
Não ser de grosso peito e largo ventre!

O Desertor enfim cansado chega
À presença do Tio formidável;
E a teimosa Ignorância, que se aferra,
E que afirma, somente porque afirma, →

O coração de novo lhe endurece.
A sofrer o trabalho dos estudos
O Tio o anima, roga e ameaça;
Mas o Herói inflexível só responde
Que não há de mudar do seu projeto.
Não é mais firme a carrancuda roca,
Com que Cintra[60] soberba enfreia os mares:
Nem tu, ó Pão de Açúcar[61], namorado
Da formosa Cidade, Velho e forte,
Que dás repouso às nuvens e te avanças
Por defendê-la do furor das ondas.

Então falando, o Tio em torpes crimes,
E em furtadas donzelas, ergue irado
Coa mão inda robusta o pau grosseiro,
E a paixão desabafa: a longa idade
Proíbe-lhe o correr; mas não proíbe
Que o pau com força ao longe o acompanhe.
Ai, Gonçalo infeliz, que dura estrela
Maligna cintilou quando nasceste!
Depois de mil trabalhos insofríveis,
Onde o gosto esperavas e o sossego,
Viste nascer estragos e ruínas.
Assim depois dos últimos combates,
Que as margens do Scamandro ensangüentaram,
O rei potente d'Argos e Micenas[62] →

---

60. Serra que acaba na foz do Tejo em nome do cabo da Roca.
61. Grande rochedo na barra da Cidade do Rio de Janeiro.
62. Agamenon, que voltando do Cerco de Tróia foi assassinado por Egisto.

Esperando abraçar saudoso os Lares,
Abraça o ferro de uma mão traidora.
Fechadas tem o esperto Tio as portas:
Volta Gonçalo, encontra novos golpes,
E jaz enfim por terra. Ferve o sangue
Da boca e dos ouvidos: sem acordo,
Apenas se conhece que inda vive;
Mas tem a glória de trazer consigo
A derrotada estúpida Ignorância.
Ela reina em seu peito, e se contenta
De ter roubado aos muros de Minerva
De fracos Cidadãos o preço inútil.

Goza, Monstro orgulhoso, o antigo império
Sobre espíritos baixos que te adoram;
Enquanto à vista de um Prelado ilustre,
Prudente, Pio, Sábio, Justo e Firme
Defensor das Ciências, que renascem,
Puras as águas cristalinas correm
A fecundar os aprazíveis campos.
Brotam as flores e aparecem frutos,
Que hão de encurvar co próprio peso os ramos
Nos belos dias da estação dourada.
Possa a robusta mão, que o Cetro empunha
Lançar-te num lugar tão desabrido,
Que te sejam amáveis os rochedos
Onde os coriscos[63] de contínuo chovem.

---

63. Os Montes Acroceraunos de Épiro, onde freqüentemente caem raios.

SONETOS

I

A terra oprima pórfido luzente,
E o brilhante metal, que ao Céu erguidos
Os altos feitos mostrem esculpidos
Do Rei, que mais amou a Lusa Gente.

Esteja aos Régios pés Dragão potente,
Que tanto os povos teve espavoridos,
Cos tortuosos colos suspendidos
No gume cortador da espada ardente.

Juntas as castas filhas da Memória
As brancas asas sobre o Trono abrindo
Assombrem a dourada e muda História.

Ao Índio livre já cantou Termindo.
Que falta, grande Rei, à tua Glória,
Se os louros de Minerva canta Alcindo?

E. G. P.

II

Enquanto o Grande Rei coa mão potente
Quebra os grilhões do Erro e da Ignorância,
E enquanto firma com igual constância
À Ciência imortal Trono luzente,

Nova Musa de clima diferente
Canta do Pai da Pátria a vigilância,
Vingando a Mãe das luzes da arrogância,
Com que a despreza o estúpido indolente;

O Monstro de mil bocas sem sossego,
Que a glória de José vai repetindo
Ou sobre a Terra ou sobre o imenso Pego:

Com ela o nome levará d'Alcindo
Desde a invejada margem do Mondego
Ao pátrio Paraguai, ao Zaire, ao Indo.

L. J. C. S.